国外航天质量管理

Quality Management in Foreign Aerospace Industy

李跃生　苗宇涛　米　凯

范艳清　胡　云　孙　薇　编著

国防工业出版社

·北京·

内 容 简 介

本书介绍了 NASA 安全与任务保证，ESA 产品保证与安全性，波音公司先进质量管理体系，洛克希德·马丁公司供应商质量管理，六西格玛管理及协同并行设计，诺斯罗普·格鲁曼公司供应商管理，雷神公司精益六西格玛管理，太空探索技术公司的低成本和高可靠管理模式，国际空间站安全性与技术风险控制，技术成熟度评价，数字化研制质量保证，IAQG 及其标准。在综合分析上述国外航天领域质量管理科学、系统的管理体制、理论方法和成功经验的基础上，详细地阐述了国外航天质量管理对我国航天科技工业深化质量管理的启示。

本书可供从事航天装备研制的管理人员和技术人员使用，也可供从事航空、船舶、兵器等大型复杂装备研制的技术和管理人员，以及其他领域科研院所的管理人员和技术人员参考。

图书在版编目（CIP）数据

国外航天质量管理/李跃生等编著 . —北京：国防工业出版社，2016. 9
ISBN 978-7-118-11018-0

Ⅰ . ①国…　Ⅱ . ①李…　Ⅲ . ①航天工业 - 质量管理 - 国外　Ⅳ . ①F416. 5

中国版本图书馆 CIP 数据核字（2016）第 190269 号

※

国防工业出版社出版发行

（北京市海淀区紫竹院南路 23 号　邮政编码 100048）
三河市众普天成印务有限公司印刷
新华书店经售

*

开本 710×1000　1/16　印张 15¾　字数 230 千字
2016 年 9 月第 1 版第 1 次印刷　印数 1—2000 册　定价 56.00 元

（本书如有印装错误，我社负责调换）

国防书店：(010)88540777　　　发行邮购：(010)88540776
发行传真：(010)88540755　　　发行业务：(010)88540717

前 言
Preface

当前,我国正处于从航天大国向航天强国迈进过程中。中国航天科技集团公司都提出了建设国际一流的航天企业集团的战略目标。建设航天强国,构建国际一流的航天企业集团,必然要有国际一流水平的航天产品质量和质量管理水平。

美国和欧洲等航天领域的相关机构和卓越企业,多年来通过成功实施载人登月、空间站建造和运营、大推力航天运载器的研制和发射、卫星组网运营、火星探测等航天工程,形成了一系列先进的质量管理理论方法和工程经验。美欧航天领域的机构和企业在质量管理方面到底有何先进之处? 其中哪些值得我们学习借鉴? 这些问题自然成为我国航天领域高度关注的问题。

为便于航天领域的技术和管理人员及对这一专题感兴趣的读者了解美欧航天领域质量管理的科学方法和成功经验,我们结合质量管理专题研究,收集、整理、翻译了美国、欧洲航天领域相关机构、卓越企业、工程项目的质量管理方面的大量资料,在此基础上编写了本书。

本书所述的航天质量管理的范围是广义的、具有航天特色的,是从保证航天工程任务成功和安全的角度,将工程技术和组织管理相结合,重点突出产品保证与安全性、供应链管理、质量技术应用等。

本书包括综合篇和专题篇。

综合篇"美欧航天工业质量管理及对我们的启示"介绍了美欧两个航天机构、五个航天企业和一个大型航天工程的质量管理,即美国国家航空航天局(NASA)安全与任务保证,欧洲空间局(ESA)产品保证与安全性,波音公司的先进质量管理体系,洛克希德·马丁公司的供应商质量管理、六西格玛管理及协同并行设计,诺斯罗普·格鲁曼公司的供应商管理,雷神公司的精益六西格玛管理,太空探索技术公司的低成本和高可靠管理模式,国际空间站的安全性与技术风险控制。本书对上述八个部分逐一介绍了相关基本情况,重点介绍其质量管理的做法和经验,包括组织机构及其职责、管理和工程措施、应用的技术方法、相关标准体系、成效结果等,在每一部分的最后提炼出对于我国航天领域开展质量管理的可借鉴之处。

最后部分在综合分析上述美欧航天领域质量管理科学、系统的管理体制、理论方法和成功经验的基础上,详细地阐述了美欧航天质量管理对我国航天科技工业深化质量管理六个方面的启示。

　　专题篇包括了安全与任务保证、产品保证与安全性、供应商质量管理、技术成熟度评价、数字化研制及其质量保证、国际航空航天质量组织机构（IAQG）及其标准等六个专题。

　　第一个专题安全与任务保证，介绍了 NASA 组织结构、NASA 安全与任务保证组织机构及职责、NASA 型号/项目的安全与任务保证组织、NASA 安全与任务保证工作的主要内容、NASA 安全与任务保证标准文件。

　　第二个专题产品保证与安全性，介绍了 ESA 组织结构、ESA 产品保证与安全性组织机构及职责、ESA 主要产品保证工作、欧洲航天标准化合作组织（ECSS）标准体系及产品保证分支结构。

　　第三个专题供应商质量管理，介绍了波音公司对供应商管理形式的变化，供应商准入评定、绩效测量、监督管理；诺斯罗普·格鲁曼公司对供应商质量管理体系要求、过程控制、不合格品控制、分供应商控制以及对供应商的评估和定级。

　　第四个专题技术成熟度评价，介绍了 NASA、ESA 组织开展技术成熟度评价的历程，以及技术成熟度的等级定义、寿命周期阶段与技术成熟度等级之间的对应关系、技术成熟度评价过程流程等。

　　第五个专题数字化研制及其质量保证，介绍了 NASA 质量驱动的数字化研制及喷气推进实验室、马歇尔空间飞行中心的案例，波音公司、阿莱尼亚宇航公司、空客公司数字化研制及其质量保证，以及对国外数字化研制最佳实践和发展趋势的分析。

第六个专题国际航空航天质量组织机构（IAQG）及其标准，介绍了 IAQG 的目的、任务和愿景，IAQG 组织机构及职责，IAQG 标准，AS 9100 与 ISO 9001 的区别与联系，AS 9100 航空航天质量管理体系认证审核。

由于受到语言限制，我们掌握的俄罗斯航天领域质量管理的资料不够丰富，本书不包括俄罗斯航天质量管理的内容，这是本书的一大遗憾。

本书综合篇"美欧航天工业质量管理及对我们的启示"由李跃生负责编写，苗宇涛、范艳清、米凯、胡云、孙薇参与编写。第一个、第二个专题文章由苗宇涛编译，第三个、第六个专题文章由苗宇涛、范艳清编译，第四个、第五个专题文章由米凯、胡云编译，全书由李跃生策划和统稿。贾纯锋、马彦辉、段波、易倍羽、王磊等同志也参加了本书相关资料的收集、翻译工作。孟炳中、邵德生两位老专家进行了部分相关资料的翻译审校工作，并指导了本书编写。

本书的编译出版得到了原总装备部技术基础管理中心、中国航天标准化研究所、国防工业出版社的领导和相关人员的大力支持，在此一并表示诚挚感谢。

由于作者水平有限，错误或不当之处在所难免，恳请读者批评指正。

编著者

2016 年 4 月

目 录

Contents

专题篇 国外航天质量管理方法及其标准

XI

综合篇 美欧航天工业质量管理及对我们的启示

以载人航天实现自动和手动交会对接、月球探测实现落月和北斗导航卫星组网运营等一系列重大航天工程的任务成功为标志，我国航天科技工业已经驶入从航天大国向航天强国发展的快车道。航天科技集团公司作为我国航天科技工业的主导力量，提出了建成国际一流航天企业集团的战略目标。实现这一战略目标，必须具有国际航天领域一流的水准的产品质量和质量管理水平。

美国、俄罗斯和欧洲等航天领域的相关机构和卓越企业，多年来通过成功实施载人登月、空间站建造和运营、大推力航天运载器的研制和发射、卫星组网运营、火星探测等航天工程，形成了一系列先进的质量管理理论方法和工程经验。本书收集、整理和分析这些具有借鉴价值的方法和经验，虽然不十分全面，但注重突出各相关机构和企业的特点，在此基础上，形成了对我们深化航天质量管理的启示，以便我们结合我国航天科技工业的特点、发展需求和重大工程任务，对其进行借鉴和学习，从而更好、更快地建设国际一流航天企业集团。

第1章

美国国家航空航天局 (NASA)安全与任务保证

美国国家航空航天局（National Aeronautics and Space Administration，NASA）是政府的行政机构，其任务活动主要来自于政府，也承担了少量的商业项目。NASA 的组成机构包括位于华盛顿特区的总部、九个中心以及喷气推进实验室（JPL）。

NASA 的安全与任务保证是紧密围绕航天工程任务成功，把管理与工程有机结合，突出系统性、规范化、工程化、专业性和独立性等特点，首先是针对 NASA 总部的各事业部及所属各中心和实验室，进而面向航天领域和承担 NASA 任务的组织。

在 NASA 和美国国防部组织编写的《实用空间系统项目管理》一书中提出，任务保证是一种有计划、增值的系统方法，是项目管理的重要组成部分并融入整个工程项目，贯穿项目全生命周期各阶段和系统的各产品层级，其作用是保证任务在规定的期限内无故障的实施，并满足预定的性能要求，减少生命期内任务风险。任务保证的功能和范围包括质量保证、质量工程、技术状态管理、安全工程、可靠性工程、软件保证、元器件工程、材料工程和试验、失效分析、独立评估和评审等。

1.1　安全与任务保证办公室（OSMA）组织及职责

1.1.1　安全与任务保证办公室职责和组织结构

在 NASA 总部设有安全与任务保证办公室，作为统管 NASA 的质量、可靠性、安全性的职能部门。在总部各事业办公室均设有负责安全与任务保证的专职人员，在 NASA 的各大直属中心都设有相应的保证机构，负责该中心及其外协项目的安全与任务保证。这些保证机构的主任向安全与任务保证办公室和各自中心的负责人直接汇报工作。

安全与任务保证办公室的组织结构见图 1-1-1。

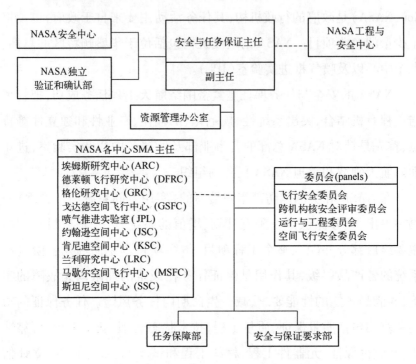

图 1-1-1　NASA 安全与任务保证办公室的组织结构图

安全与任务保证办公室通过对所有机构的安全性、可靠性、维修性和质量保证（SRM&QA）政策和程序的制定、实施和监督来保证 NASA 所有活动的安全性。其主要职责和活动包括：

（1）制定 NASA 安全与任务保证（SMA）战略规划、政策和标准，并保证执行。

（2）制定安全与任务保证一系列的指导性文件、标准、手册，推荐已被证明为有效的先进的可靠性、维修性技术，开发、使用并不断完善一些信息系统和安全与任务保证工具，资助安全性、可靠性、维修性和质量保证的技术、过程和方法的创新和快速转化。

（3）成立不同层次的安全与任务保证咨询组，明确各级安全与任务保证机构和员工的职责。

（4）在其内部机构的总装厂、承包商实行内部过程认证制度、质量代表制度、独立审核制度、软件独立验证与确认制度、故障报告制度、事故调查制度、经验共享制度。

（5）制定并执行安全与任务保证人员培训计划(PDI 计划)。

（6）在 NASA 项目和活动的早期将安全性、可靠性、维修性和质量保证整合进去,并在寿命周期内加以实施。

（7）执行安全与任务保证独立评估和过程验证评审,直接组织重大/跨事业办公室或中心的项目的安全与任务保证评审/鉴定。

（8）改进风险识别和评估方法,并提供风险降低和接受的建议。

（9）对关键机构提供安全性决策的分析和建议。

下设部门职责见专题篇 1.2.1～1.2.6。

1.2　安全与任务保证工作的主要内容

1.2.1　实施 ISO 9000 认证和应用 AS 9100 系列标准

由各中心和总部各事业办公室的任务保证办公室主任或职能经理在中心主任或负责该事业办公室的 NASA 副局长的支持、领导下,实施 ISO 9000 系列标准,由安全和任务保证办公室员工领导并聘请咨询专家参加的过程验证(PV)小组负责进行独立的过程评审和申请并通过 ISO 9000 认证。

NASA 十分关注国际航空航天以及质量管理体系(AS 9100)系列标准(以通过该系列标准将航天工业特有的经验纳入其中)并促使全球航天工业的组织能够采用该系列标准,以降低供应链研制成本,减少重复审核的可能性,为全球航天合作奠定基础。AS 9100 发布后,NASA 于 2002 年 4 月 8 日发布了 AS 9100 标准的采用通告。NASA

针对产品所要求完成的工作的复杂程度提出了应用 AS 9100 最低质量要求。

1.2.2 安全与任务保证年度工作协议

各中心和总部各业务办公室的安全与任务保证主任或职能经理根据其具体项目计划,制定本单位的安全与任务保证年度工作协议(Annual Operating Agreement,AOA),呈送中心负责人或总部负责该业务办公室的 NASA 副局长批准,同时抄送一份交安全与任务保证办公室主任认可、备案。协议规定该单位本年度的安全与任务保证工作内容、实施方案。

1.2.3 各项目(型号)安全与任务保证大纲、风险管理计划

各项目经理在其所在中心或业务办公室的安全与任务保证经理的协同下,制定项目安全与任务保证工作计划、安全与任务保证大纲和风险管理计划,并纳入安全与任务保证年度工作协议之中。

1.2.4 型号/项目安全与任务保证过程及质量、可靠性、系统安全性代表制度

NASA 某项工程启动后,由安全与任务保证机构负责组成项目安全与任务保证工作组,由项目经理和安全与任务保证机构负责人挑选一位项目安全与任务保证主任/经理,由项目经理任命。

项目安全与任务保证经理在安全与任务保证机构指导下拟订该项目的质量、可靠性、系统安全性大纲计划,规定安全与任务保证工作项目和工作计划。其中,明确该型号质量保证、可靠性、系统安全性首席代表名单及其职责、权限,由他们对该型号/项目实行独立的质量、可靠性、系统安全性代表负责制度。

1.2.5　数字化研制质量保证

NASA 为了有效地管理数字化研制过程,在其要求文件《飞行工程和项目产品数据和寿命周期管理》(NPR 7120.9)中规定了飞行工程和项目寿命周期过程内数据管理的要求。NASA 的马歇尔空间飞行中心的产品全生命期管理解决方案中,采用 Windchill DDMS 管理和设计知识管理系统,将分散在不同软件和数据库中的设计数据集中,构建单一制造数据中心支持数字化制造和管理。马歇尔空间飞行中心利用基于模型的制造工作扩展了仿真分析领域,部署了制造执行系统(MES),构建了基于模型的现场作业指导书的支持系统,通过数字化仿真对工艺过程进行验证。NASA 的肯尼迪空间飞行中心,通过使用产品数据管理(PDM)和产品寿命周期管理(PLM)系统工具,实现了离散事件仿真、天气分析、操作培训、结构分析等数字化应用。

1.2.6　精益六西格玛管理

NASA 整合精益制造和六西格玛,实施精益六西格玛,以适应关注顾客和供应商的全球化的形势。NASA 成立了六西格玛管理办公室,于 2005 年从马歇尔空间飞行中心开始精益六西格玛的应用,之后扩展到其他中心。

NASA 应用精益六西格玛来整合现有的质量技术方法和工具,将精益六西格玛方法分为两类,一类是六西格玛设计,主要应用于设计新的系统或生产过程;一类是六西格玛改进,应用"愿景——定义——测量——分析——改进——控制"流程,实施过程改进。

NASA 制定了精益六西格玛培训大纲并组织培训,课程分为冠军、大黑带、黑带和绿带四个等级,2010 年的统计大概有 1300 人进行了培训,完成了 300 多项精益六西格玛项目,投入产出比为 1:100,取得了显著的成果。信息检索时间降低了 98.8%,新采购订单的处理时间降低了 78%,"阿瑞斯"(Ares)火箭的中间级生产时间减少了 32%,舱段焊接工艺生产周期降低了 35% 等。

1.2.7　重大项目的安全鉴定、安全与任务保证评审

NASA 组织、参与重大项目的安全性、风险鉴定会,并提供行政、技术支持。例如,与项目管理委员会(PMC)一起对 NASA 项目进行独立的安全性、风险鉴定;对太空人类探索与开发(HEDS)和国际空间站(ISS)的发射、组装和在轨作业进行独立的安全与任务保证评审等。具体实施是在型号研制的各里程碑,与项目管理委员会配合,组织安全与任务保证专家进行独立的安全与任务保证评审。重大的、或跨事业办公室的型号项目由安全与任务保证办公室主持;一般项目由各事业办公室的安全与任务保证经理或各中心安全与任务保证机构主持;小项目由安全性代表、可靠性代表、质量代表主持。评审专家在项目开始时确定,在项目进行过程中得到工作进展通报,并随时对系统安全性、可靠性、质量代表提供技术指导/建议。

10

1.2.8　事故调查制度

安全与任务保证办公室或各中心的安全与任务保证机构成立或委派事故调查组(MIB),负责重大质量、安全事故的调查。调查组成员由负责安全与任务保证办公室的副局长,或总部各事业办公室主任,或各中心的安全与任务保证主任聘任。事故调查组成员应与该事故责任单位无任何利益关系,具有独立性,包括与该事故组织无关的 NASA 雇员、其他相关政府部门成员、NASA 合作机构的代表、非 NASA 的相关问题咨询专家。与事故相关的各事业办公室负责人、项目经理、各中心主任负责配合事故调查,实施改正措施,并将有关情况通报安全与任务保证办公室。事故必须由 NASA 总部的公共事务办公室向新闻媒体公布。一般事故由直接责任机构负责调查、改正。

事故调查费用由 NASA 负担。

1.2.9　安全报告制度(NSRS)

　　NASA 雇员或 NASA 合同单位的雇员一旦发现安全问题,必须实时地报告给项目经理或安全与任务保证职能经理,也可填写标准格式的 NASA 安全问题报告单报送(寄出)给与安全与任务保证办公室有协议合同的独立分析者——研究规划公司(RPI)。该公司将所报告的问题进行归纳整理后,呈送安全与任务保证办公室的安全与风险管理部的安全报告制度主席,由该主席交某个相关技术咨询小组(TAG)组织调查。然后,该主席签署一份处理方案交相应部门予以解决。如果该主席和安全与风险管理部主任不同意有关部门的纠正措施,将提交上一级领导处理。

1.2.10　安全与任务保证人员培训

　　安全与任务保证办公室建立了一套完整的安全与任务保证人员在职培训体系——员工职业发展行动(Personnel Development Initiative,PDI)。这一行动计划规定了安全与任务保证工作人员技术水平、管理能力的要求。承担具体工程项目任务的安全与任务保证人员还要由项目工程经理负责,组织进行项目工程相关知识的培训。

1.2.11　安全与任务保证信息交流

　　各专业工作组(Working Group)由各机构派相关专家代表参加,负责提供本专业的研究项目的建议、标准的制定、参加相关问题的评审、每年组织学术交流会,由安全与任务保证办公室管理提供活动经费,其活动办公室一般设在相应的研究机构,并经常以简报形式报告其工作进展。质量保证代表、可靠性代表、系统安全性代表按时(紧急情况随时报告)向安全与任务保证机构寄送典型格式的代表信件,报告工作。安全与任务保证人员要收集在其项目中得到的经验教训,按规定的要求形成文档,由各机构提交经批准后即进入"经验信息交流系统"(LLIS),并通过 NASA 工程网(NEN)共享。这一信息系统的信息积累和发布是基于其在线的数据库。数据库的内容是由 NASA 内部和 NASA 之外的组织机构提供,并经过专家评审。

1.2.12　可靠性和维修性指导委员会的活动

安全与任务保证办公室组织、资助 NASA 可靠性和维修性指导委员会,可靠性和维修性指导委员会由来自 NASA 总部、所属各中心和喷气推进实验室的可靠性、维修性专家组成,开发、评价新的可靠性、维修性方法,编写实用性强的可靠性、维修性技术指南,推进可靠性、维修性实践技术的应用。

1.2.13　研究、开发与转化、推广安全与任务保证新技术、新工具

由安全与任务保证办公室负责与 NASA 所属机构、大学研究机构、工业研究部门签订安全与任务保证相关新技术开发、方法研究、工具(软件、信息系统、专家系统)开发与转化技术合同,进行开发、转化与推广工作。

1.2.14　质量奖

NASA 设立乔治姆罗(George M. Low)奖,由安全与任务保证办公室组织评选工作。该奖每年评选一次,不论企业大小,奖励那些与 NASA 有合同或分合同关系,产品和服务质量卓越的企业。NASA 还设立了质量和安全成就认可奖,对在产品、项目、过程、环境或管理等方面,为改进 NASA 的产品或服务的质量或安全做出过突出贡献的 NASA 内部员工、其他政府团体、组织和主承包商或分承包商给予奖励。

1.3　安全与任务保证文件体系

　　NASA 将安全管理与质量管理融为一体，定期对有关质量、可靠性、安全、维修性、风险、软件方面的文件进行了系统整理，并不断修改和补充一些新的文件，使得文件体系更加系统和全面。

　　NASA 这些文件主要包括政策指令性文件（NPD）、程序要求文件（NPR）、技术标准（STD）、手册（HDBK）、规格说明（SP）等。

　　NASA 安全与任务保证文件体系所构成的树型结构如图 1-1-2 所示。

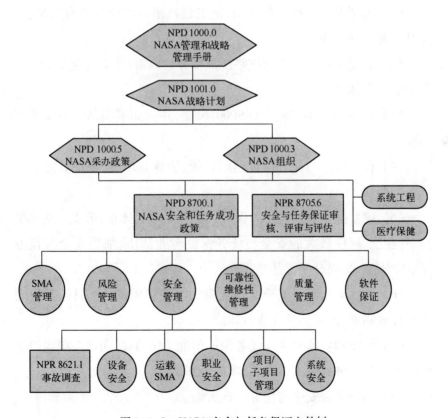

图 1-1-2　NASA 安全与任务保证文件树

图 1-1-2 中,NASA 安全与任务保证文件包括两类,一类是安全与任务保证办公室自己制定的文件/标准,如方框图所示;另一类是非安全与任务保证办公室文件/标准,如六边形所示。图 1-1-2 表示 NASA 文件体系的分支由 SMA 管理、风险管理、安全管理、可靠性与维修性管理、质量管理、软件保证文件六个分支组成。

1.4 可借鉴之处

NASA 虽然不是企业,但也不是仅有职能管理的政府部门,承担着大量的科研任务。其安全与任务保证工作值得我们借鉴之处如下:

(1) 围绕航天工程任务成功,把工程技术与职能管理有机结合,尤其是突出安全性。

(2) 制定和发布相关的战略规划和方针政策,建立健全安全与任务保证文件体系。

(3) 各级组织均实施 ISO 9000 认证,并全面贯彻 AS 9100 系列标准。

(4) 设立安全与任务保证组织系统,明确其职责,保证其能够独立履行职权。

(5) 建立健全安全与任务保证人员在职培训体系,形成一支水平高、专业全、规模较大的安全与任务保证专业队伍,加强安全与任务保证专家建设,充分发挥其作用。

(6) 建立健全项目安全与任务保证经理和质量、可靠性、系统安全性代表制度,保证其独立履行职能。

(7) 制定和实施安全与任务保证年度工作协议,明确各级组织年度的安全与任务保证工作内容、实施方案。

(8) 制定项目安全与任务保证大纲。

(9) 结合自身特点,推行精益六西格玛管理。

（10）实施数字化制造背景下的质量保证和产品数据管理。

（11）开展重大项目的安全鉴定、安全与任务保证评审。

（12）建立和运行独立的事故调查制度和安全报告制度。

（13）强化数据信息系统的建设，开展安全与任务保证信息交流。

（14）全面开展安全与任务保证的技术研究、工具开发与转化推广工作。

（15）设立质量奖，对为保证和改进产品或服务的质量或安全方面做出突出贡献的所属单位、员工和承包商给予奖励。

第 2 章

波音公司先进质量管理体系

波音公司(Boeing Company)是全球航空航天业的领袖公司。该公司成立于 1916 年。波音公司设计并制造旋翼飞机、电子和防御系统、导弹、卫星、发射装置,以及先进的信息和通信系统。波音公司作为 NASA 主要服务提供商,运营着航天飞机和国际空间站。波音公司是世界上最大的民用和军用飞机制造商,提供众多军用和民用航线支持服务,其客户分布在全球 90 多个国家。

波音公司于 20 世纪 80 年代中期开始实施全面质量管理战略,不断探求全面质量管理方法,将自身的管理实践总结提炼形成了具有本公司特色的全面质量管理运作方式,即"先进质量体系"(Advanced Quality System,AQS)。波音公司在 1996 年编发了第一版 D1 – 9000A《先进质量体系》,包括 ISO 9000 的基本质量要求和统计过程控制方法和手段,尤其是将国际航空航天质量组织制定的 AS 9100 系列标准要求与本企业自身特点、需求和经验相融合。

波音公司的 AQS 是一种发展的改变运作方式的全面质量管理方法,借鉴了全面质量管理思想中的持续改进、过程管理和精益生产的理念,又融合了目标管理的思想精华,尤其是注重系统化和程序化地应用各种统计方法和工具,使全面质量管理活动更加量化和具有可操作性。通过 AQS,波音公司形成了一套适合于本企业的质量管理模式,成为其他企业争相学习的典范。

2.1 强调追求卓越的持续改进

2.1.1 明确持续改进的流程和体系

AQS 要求持续改进体系与企业的长期目标结合,需要进行自上而下的战略策划。AQS 给出了持续改进的过程图,说明了持续改进策划推进的方式。AQS 明确持续改进体系包括:具有专业能力和丰富经验的人员、全员参与管理、自上而下的战略策划、明确定义和理解程序、人员培训和专业测试、纠正和预防措施系统、将持续改进与价值增值和财务绩效联系起来、持续改进过程的文件化、与业务计划挂钩、有效的内部审核。

2.1.2　提出高于、严于 ISO 9001 标准的要求

AQS 许多要求都是 ISO 9001 标准所没有规定的。例如,对于人员培训,AQS 强调的是终身培训,设置使用改进工具相应的培训课程,不仅要求对参加培训的人员进行专业测试,适当时还要对所要求的课程进行专业测试以衡量和改进培训的效果,并将测试方法加以文件化。对于持续改进的效益,AQS 把持续改进与价值联系起来,在财务评审中对每一项活动进行成本和收益分析,评审之后进行必要的改进;对于纠正和预防措施系统,AQS 更强调对根本原因的分析,过程文件也要求持续改进。

2.1.3　建立和运行的全方位绩效测量体系

AQS 将 ISO 9000 标准给出的五种识别质量管理体系业绩改进的方法进行了改进,提出了适合本企业的识别绩效改进的方法,提出的绩效测量方法可量化,通过有效性和效率来实现绩效测量结果的量化。有效性是通过内部和外部顾客满意度进行测量的,提出了相应的量化指标,如交付时间、顾客拒收率、担保费用、产品可靠性、一次通过率、工程更改次数、各流程阶段产品缺陷率、废品量、返工、重检、差错、过失和瑕疵等。效率是通过生产产品需要的时间和资源来测量的,给出的可测量指标有周期、平均每天检验/测试的次数、在制品的数量、制定文件需要的时间和人员数量、安全库存水平和单个产品成本。

AQS 提出的绩效测量的范围也十分广泛,既包括高层业务和经

济的评估,也包括零部件和过程的评估,即对每一个层次的产品和过程都要进行评估。这样,通过 AQS 可以实现成本、进度、质量、顾客满意度和利润等方面的可测量改进。

2.2　注重运用科学方法和体系实施过程的波动管理

2.2.1　将统计过程控制工作纳入到质量管理体系

波音公司强调质量管理的实施要有科学方法和科学措施来保证,将统计过程控制(SPC)工作纳入到质量管理体系,在质量管理体系上构建过程控制方法体系,解决开展过程控制所需的组织机构、程序和资源等问题。

2.2.2　通过文件和手册给出波动控制的流程、方法和步骤

波音公司编制《先进质量体系》(AQS)的一个主要目的就是提供减小质量特性波动的生产过程持续质量改进方法。AQS 对波动的控制从顾客需求开始直到整个产品寿命周期,给出了减少关键特性波动控制的流程图,注重通过完善产品设计来控制波动,规定了实施质量管理采用的统计分析方法及工具的管理流程和工作流程,将全面质量管理使用的各种统计方法和工具系统化、程序化,将所有统计技术分析方法和工具汇总成册,说明每一方法和工具的使用范围和使用条件,给出了遇到问题时的解决途径;强调应从设计就开始分析设计中存在的波动,设计者应与顾客和供应商共同合作,需要的情况下成立综合产品组(IPT),发掘更多顾客和设计的要求。

AQS 强调通过控制关键特性和关键过程参数来实现对关键过程的控制,对波动的控制和降低活动主要分为三步:第一步,对过程和产品进行分析;第二步,通过控制关键特性和关键过程参数来实现对

关键过程的控制;第三步,降低波动。在这个过程中,AQS 详细说明了如何使用统计过程控制工具来系统地进行改进。

2.3 大力推行数字化制造和并行工程

2.3.1 建立数字化研制和并行工程标准体系

波音公司在数字化研制与并行工程推广应用过程中,形成了完整的标准体系。1997 年,波音公司针对基于模型的定义(全三维)数字化产品研制模式,协助美国机械工程师协会,开始进行有关标准的研究和制定工作,于 2003 年上升为美国国家标准《数字化产品定义数据的实施》(Y14.41)。在该标准基础上,波音公司制定了公司的基于模型定义技术应用规范 BDS – 600 系列标准。

波音公司制定了 D6 – 51991 标准《供应商数字化产品定义质量保证》。该标准作为波音公司质量管理体系的补充,规定了供应商数字化数据系统控制要求,明确了波音供应商数字化产品定义质量保证/控制体系,编制了数字产品定义/基于模型的定义检查单,评估和确认供应商的数字化产品定义质量保证能力。

2.3.2 工程中应用数字化研制实施并行设计制造

波音公司从 B737 – X 到 B777 研制,实现了全过程的数字化定义、数字化预装配、并行设计、协同流程管理,建立了第一个全数字化飞机样机,开创了航空数字化制造的先河。在新一代"战神"航天运载工具的研制中,采用基于模型的定义和作业指导书(MBD/MBI),装配工期缩短 57%,将数字化制造推向制造现场的更深层次,从观念到技术使设计和制造实现了本质的飞跃。

波音公司在制定项目研制计划时,重点关注三个方面:一是在设计早期让用户广泛参与,以尽快确定产品的主要需求;二是产品定义数据集在发放前确保其正确性和合适性;三是通过协同工作确保信息和数据充分共享以及问题能够及时得以解决。

波音公司将数字化技术应用与并行"设计制造团队"(Design - Build Team,DBT)的组织形式相结合,在工程项目中建立大量的DBT,贯穿设计、制造、交付、售后支持整个产品生命周期。每个DBT集合了工程、制造、材料、客户服务、质量审核、财务等方面的专家,一般情况下还包括供应商和客户代表。波音公司强调所有组内的成员必须在同一地点办公,以便于成员之间信息及时沟通。每个DBT是一个独立的项目团队组织,负责一部分功能(如电器、结构等)。这一组织方式取得了明显的效果,设计发放以前便可以找到并消除大量的问题。

波音公司在实施并行产品定义(Concurrent Product Definition,CPD),这是把产品设计的相关过程,包括产品制造和支持服务集成在一起的系统工程方法。在研制项目中,由DBT共同进行产品定义。这里的设计包括产品设计和工艺、装配、检验和服务等方面的设计工作。

波音公司在研制过程中实施并行工程,大量使用数字化研制技术,包括数字化产品定义、数字化预装配、数字化工具定义,整个设计工序都没有采用传统的绘图纸方式,以确保成千上万的零件在制造昂贵实物原型前,就能清楚计算其设计是否稳妥。

2.4 依据供应链管理理论和先进、特色企业标准实施供应商管理

2.4.1 制定了供应商管理的标准

波音公司制定了一系列对供应商管理的标准,最为重要的是发

布了多版《波音对供应商质量管理体系要求》，将 AQS 的要求纳入到该文件之中，并不断完善该文件。该文件明确要求供应商执行 ISO 9001 和 AS 9100 标准的要求，而且更侧重于后者。

2.4.2　强化供应商的资格管理

波音公司对供应商提出只承认由认可的认证机构按照国际航空航天质量协调组织（IAQG）要求所颁发的质量管理体系认证/注册文件。这里，"认可的认证机构"是指该认证机构必须使用经批准的审核员，并按 AS/EN/SJAC9104"航空航天质量管理体系认证/注册要求"中规定的 IAQG 认证/注册方案进行认证，而且认证机构的服务协议规定了波音公司有权查阅认证机构所有记录。可见，波音公司与认证机构合作，采用国际组织规范化的 AS 9100 标准认证的方式，实施对供应商的管控。

波音公司明确供应商质量管理体系应符合 AS 9100 要求，承担供应商质量管理体系要符合 AS 9115 要求；承担航空航天维修供应商应取得 AS 9110 认证，承担航空航天以及国防分销商应取得 AS 9120 认证，测试设备应取得美国实验室协会认证（A2LA）或国家标准化和技术认证（NIST）。

波音公司明确向其软件供应商提出应符合 AS 9100 质量管理体系可交付航空航天软件的补充——能力成熟度模型，指出应完成过程改进标准 CMMI 评估分级（SCAMPI）的 A 级认证，应在规定时间内通过软件工程协会（SEI）授权的评估员进行的 CMMI4 级或以上等级的认证。

2.4.3　把波音公司过程控制要求引入供应商

波音公司要求供应商控制过程中的波动，尤其是关键特性的波动。《波音对供应商质量管理体系要求》把关键特性波动管理作为重要内容,给出了关键特性波动管理的流程,包括关键特性的统计控制和能力分析、改进机会识别和改进措施实施的要求,范围涉及设计、开发、安装、采购和维修过程。波音公司对其供应商明确提出,应保持所有过程的原始记录,其中测试的质量记录至少 5 年;应强化技术状态更改控制;应及时提交不合格项的根原因分析及纠正措施报告;对关键特性采用统计过程控制或其他控制工具进行控制等。波音公司建立供应商信息传送网,要求供应商及时反映生产过程的不合格情况,同时波音公司会对不合格情况做出快速的响应。

2.4.4　帮助供应商应用技术方法

波音公司提供了《先进质量体系工具手册》、关键特性波动管理评估工具一系列质量管理工具,还制定了《波音公司供应商数字化产品定义质量保证标准》《供应商关键过程/敏感机翼硬件质量要求》《供应商不合格品指南》等标准和要求,将质量与可靠性技术方法汇编成册,提供给供应商,以帮助供应商使用这些标准以提高其相关能力,从成本、交付期、质量、减少浪费、顾客满意度和利润几个方面实现可测量的改进。

2.4.5　建立供应商绩效测量体系和监督管理体系

为了更有效地激励供应商不断提高管理水平和产品质量,波音公司建立了供应商绩效测量体系和监督管理体系,对供应商的绩效从质量、交付期和总体绩效三个方面进行评分,实现了可量化的绩效测量。波音公司供应商绩效促进委员会有权对供应商的绩效进行评价,并督促改进。波音公司对供应商进行全面、系统的监督评估,包括产品评估、质量过程评估和制造过程评估。评估活动为提高和改进供应商质量管理体系及其支持过程识别了机会。波音公司质量代表可以在供应商工程或波音公司中对供应商的产品进行抽样检验测试。

2.4.6　在供应商管理中导入卓越绩效模式

波音公司设立了波音卓越绩效奖,绩效测量的结果为供应商进行波音卓越绩效奖评奖提供了依据,有效促进了供应商质量管理达到卓越。波音公司注重通过与供应商建立长期的、紧密的业务关系,并通过对双方资源和竞争优势的整合来共同开拓市场,扩大市场需求和份额,降低产品前期居高不下的成本,实现"双赢"。

2.5　可借鉴之处

波音公司是全球航空航天业标杆企业,其 AQS 值得我们借鉴之处如下:

(1)从战略层面到具体流程和活动,长期、全面、系统地实施追求卓越的持续改进。

(2)提出具有自身特色且高于、严于 ISO 9001 标准的质量管理体系要求。

(3)建立和运行的全方位绩效量化测量体系,从产品质量、过程受控情况、完成任务情况和经济效益、顾客满意度等方面进行测量和评价。

(4)全面运用统计过程控制等科学方法实施过程的波动管理,将其作为 AQS 重要内容。

(5)大力推行数字化制造和并行工程,通过建立"设计制造团队"和使用数字化研制技术,消除研制中的不协调和质量隐患。

(6)通过 AS 9100 标准认证、软件 CMMI 分级评定等方式,强化供应商的资格管理。

(7)制定对供应商管理的标准,明确提出对供应商质量管理体系

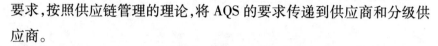

要求,按照供应链管理的理论,将 AQS 的要求传递到供应商和分级供应商。

(8) 建立供应商绩效测量体系和监督管理体系,对供应商的绩效从质量、交付期和总体绩效等方面量化评价,并督促改进。

(9) 设立卓越绩效奖,在供应商管理中导入卓越绩效模式,帮助供应商应用 AQS 技术方法,实施可测量的改进,促进供应商追求卓越。

第3章

洛克希德·马丁公司供应商质量管理、六西格玛管理及协同并行设计

洛克希德·马丁空间系统公司（Lockheed Martin Space Systems Company），简称洛克希德·马丁公司。该公司前身之一是洛克希德公司（Lockheed Corporation），创建于1912年，是一家美国航空航天制造商，于1995年与马丁·玛丽埃塔公司合并，合并后的公司为洛克希德·马丁公司。洛克希德·马丁公司的核心业务是航空、电子、信息技术、航天系统和导弹，主要产品包括美国海军所有潜射弹道导弹、战区高空区域防空系统、通信卫星系统、战斗机、侦察机、运输机等，承担着美国绝大多数军用卫星的生产和发射业务，占据美国国防部每年采购预算1/3的订货，控制了40%的世界防务市场，成为世界级军火"巨头"。

3.1　依据 AS 9100 和供应链理论实施供应商质量管理

3.1.1　要求供应商通过 AS 9100 标准认证

洛克希德·马丁公司要求供应商的质量管理体系符合 ISO 9001 标准或 AS 9100 标准，更倾向于 AS 9100 标准，并要求供应商通过国际航空航天质量协调组织/美国航空航天质量小组的第三方认证，确保供应商质量管理体系与其相符。洛克希德·马丁公司还明确要求供应商当质量管理体系发生变更或重新安排时，应在规定的时间内通知洛克希德·马丁公司。

洛克希德·马丁公司将供应商提供的产品依特性划分为金属原材料、非金属原材料、地面保障设备、软件等17个不同的专业类别，分别给出不同类型产品适用的质量管理体系标准，如 ISO 9001、AS 9100、AS 9111《对维修组织的质量管理体系评估》、AS 9120《质量管理体系——航空航天——对库存经销商的要求》，并给出裁剪标准，同时通过供应商等级评分法来划定供应商的等级。

3.1.2 制定并实施一系列供应商质量管理标准

洛克希德·马丁公司制定了《供应商质量保证要求》(SQAR)等对供应商质量管理的标准,并根据质量保证的新要求不断修改这些标准。在标准中详细规定了对供应商质量管理体系的要求,如,要求供应商在关键项目变更时以书面形式通知洛克希德·马丁公司;保存生产过程和产品记录使其具有追溯性,并在需要时提供给洛克希德·马丁公司;提供合格认证证书;强化不合格品审理和处置等。洛克希德·马丁公司对供应商的质量保证要求在标准化的订货单中给予明确。供应商通过登录指定网站可以获悉订货单上的质量保证要求。洛克希德·马丁公司还制定了《供应商质量绩效》,并建立了量化的供应商绩效评价体系,通过评价引导供应商不断提高其产品和服务质量及质量管理水平。

3.1.3 按照供应链管理理论强化供应商对分供方的管控

洛克希德·马丁公司明确要求供应商应确保其分供方也符合所有适用性质量标准,要求供应商对其采购产品实施有效控制,要求供应商在没有得到洛克希德·马丁公司书面授权的情况下不得从独立的经销商或代理人之处采购产品,要求提供装箱、运输、分销、仓储等服务的供应商的专长及核心业务应是按供应链运作。

3.1.4 运用合同等方式预防和处理采购假冒伪劣产品

洛克希德·马丁公司明确其"假冒伪劣产品"的内涵,要求供应商在国际航空航天标准 AS – 5533 的指导下制定和维护假冒伪劣产品预防计划和控制措施,通过合同等方式要求其供应商确保不把假冒伪劣产品提供给洛克希德·马丁公司,提出如果供应商怀疑其向洛克希德·马丁公司提供的产品为"假冒伪劣产品",应在发现时及时通告洛克希德·马丁公司,并提供原始零件生产商(OCM)/原始设备生产商(OEM)的相关文件,确保对其影响的产品具有可追溯性,并明确了供应商应承担因提供假冒伪劣产品而产生的补偿和检测费用等。

3.2 实施六西格玛管理战略计划

3.2.1 确定六西格玛管理战略计划和项目具体步骤

洛克希德·马丁公司1998年提出并启动了"洛克希德·马丁21世纪"(LM21)战略计划,从公司战略层面推动六西格玛管理,并将此前并购的公司的最佳实践在洛克希德·马丁公司实行共享。洛克希德·马丁航天系统公司作为最佳实践者在这一计划中非常积极,转化吸收了通用电气公司的六西格玛管理,形成了洛克希德·马丁六西格玛管理的根基。

对于具体的六西格玛管理项目,洛克希德·马丁公司提出了通向卓越的8个步骤:识别机会;判定优先级;定义项目;评估/描述现状;分析识别浪费/风险;流程优化,降低风险;实施/验证;测量/保持;交流/确认成功。

3.2.2 培训六西格玛管理的核心团队

洛克希德·马丁公司十分注重培养六西格玛管理核心团队。核心团队在公司内部开展培训项目,绿带要进行一周的培训,并进行项目所需技能认证;黑带培训要多于两周,需要对三个项目所需技能进行认证,并指导三个绿带通过认证。

3.2.3 部署六西格玛管理的方式和实例

"洛克希德·马丁21世纪"战略计划活动由运营执行官任命联络点(POC)进行领导。由大黑带向联络点汇报指导变革推动者的负责人,以及监管项目技术执行情况。

通过多个渠道,每年都有年度"洛克希德·马丁21世纪"战略计划发给维护过程改进卓越项目计划的项目组。这一战略计划的联络点负责制定他们项目的计划和实施。在过程改进项目里部署变革推动者(大黑带、黑带以及绿带)。"洛克希德·马丁21世纪"战略计划要求一个项目或者工作地点至少有1%的人是黑带,至少有6%的人是绿带。通过由联络点管理的战略计划和卓越项目计划对精益六西格玛管理的部署进行管理。洛克希德·马丁公司部署六西格玛管理的经验是,管理层的支持非常重要,在完成改进项目的战术执行阶段,中间管理层的支持是最重要的。当中间管理层开始将持续改进方法作为日常的商业工具箱来预防和解决问题,而不是认为它们只是一个附属、额外的负担时,那么许多阻碍都可以避免。

2004年,洛克希德·马丁公司在TitianIV导弹项目上实施"洛克希德·马丁21世纪"战略计划,投入15名黑带、146名绿带,一批空军和客户也接受了冠军/绿带培训;空军和客户作为活跃成员参与改进项目,围绕降低项目风险,保证100%成功率,开展了100余项六西格玛项目,保证了导弹项目的成功,客户认为,Titan项目里"洛克希德·马丁21世纪"战略计划最重要的作用就是降低风险,实现了持续的过程改进。

3.3 实施多学科协同并行设计系统的开发与应用

洛克希德·马丁公司围绕导弹研发设计开发了交互式导弹设计

系统,系统集成了几何引擎、推进系统、气动分析、空气热环境分析、结构动力学、武器效能及费用模型等,构造了基于网络的实时协同设计环境。该系统通过产品设计过程的集成和优化,可以快速对导弹进行概念和初始设计,使设计速度提高为原来的 4 倍,并能在导弹概念设计阶段节约大量开支。该系统在包括联合低空发射导弹等众多项目中得到运用。

洛克希德·马丁公司还围绕超/高超声速飞行器的研发,开发了超/ 高超声速飞行器设计系统。它是一个涉及热、弹道、结构、控制、气动、推进、成本、可靠性等方面的多学科系统。传统上对这些学科的分析是独立进行的,所以导致了飞行器设计过程的低效。但该系统将这些设计分析集成到一个统一的设计平台,并与各个专业的分析模块紧密结合,实现了需求——几何(集合)——分析——优化——数据管理的一体化自动设计过程,在概念设计阶段就能对设计方案进行快速评估。该系统可以独自捕获和处理各学科知识,推动多学科协同和并行工程,并实现集成的工程仿真分析和寻优,为跨大气层运载器的设计与仿真提供了条件。

3.4　可借鉴之处

洛克希德·马丁公司成功实施供应商质量管理、六西格玛管理及协同并行设计的做法和经验值得我们借鉴之处如下:

(1) 依据 AS 9100 系列标准并根据供应商提供的产品类别,对供应商进行资格管理和等级评定。

(2) 制定并实施一系列供应商质量管理标准,充分反映本公司对供应商质量保证的特殊要求。

(3) 建立量化的供应商绩效评价体系,通过评价引导供应商不断提高其产品和服务质量及质量管理水平。

（4）按照供应链管理理论，强化供应商对各类分供应商的管控。

（5）依据相关国际航空航天标准，运用合同等方式预防和处理采购假冒伪劣产品。

（6）制定、确定六西格玛管理战略计划，通过年度实施计划、联络点管理方式和卓越项目计划进行部署落实。

（7）强调管理层，尤其是中间管理层的支持和参与六西格玛管理的重要作用。

（8）有计划、分层次并结合项目来培训六西格玛管理的核心团队，明确一个项目或者工作地点黑带、绿带至少应达到的人员比例。

（9）结合本企业的特点和管理需求，提出六西格玛项目具体步骤。

（10）在工程项目研制中，开发与应用多学科协同并行设计系统。

第 4 章

诺斯罗普·格鲁曼公司
供应商管理

诺斯罗普·格鲁曼公司（Northrop Grumman Corporation），是美国主要的航空航天飞行器制造厂商之一，由原诺斯罗普公司和格鲁曼公司于 1994 年合并成立，并在此后通过收购西屋电气公司等大型企业或企业的部分业务而迅速发展。诺斯罗普·格鲁曼公司业务包括军用民用飞机、航空母舰和核潜艇等军舰、人造卫量、导弹、战略防御系统、无人驾驶飞行器、军用电子系统、特种运输车辆等领域的研究、生产和服务等。诺斯罗普·格鲁曼公司的主要顾客是政府，也有情报、监测和侦察、通信、军事管理、电子战、导弹防御，地球观测、空间科学和空间开发等领域的顾客。诺斯罗普·格鲁曼公司还是美国政府最大的 IT 服务商。诺斯罗普·格鲁曼公司在航天领域业务主要涉及人造卫星、高能激光器系统、国家防御计划系统等。

4.1　分类分级提出对供应商质量管理体系的要求

制定以《供应商质量保证要求》为核心的一套标准。

要求供应商的质量体系符合 ISO 9001 标准或 AS 9100 标准，更倾向于 AS 9100。

根据供应商类型（有设计权的制造商；按设计进行生产的制造商；增加价值的经销商；经销商；提供加工或服务的供应商；提供货架产品的制造商；设备加工供应商；合格产品目录（QPL）/顾客批准的或具体零部件的唯一供货方或分供应商等几类），确定八个等级质量体系水平，分别对其提出建立体系及认证要求，对供应商的审定方式与提供的产品和服务的类型相匹配。明确有权选择和实施对供应商质量体系的检查，有权现场评价或进行其他方式的评审。要求供应商在发生重大变化时，应及时报告诺斯罗普·格鲁曼公司供应商保证代表。

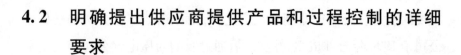

4.2 明确提出供应商提供产品和过程控制的详细要求

制定《供应商质量保证要求》《通用采购订单质量保证条款》等相关文件。

明确地规定了供应商在关键特性识别与控制、数据包的控制与使用、多余物控制、材料采购、特殊过程控制、数字信息的控制和使用、软件控制、零件标识、统计过程控制、首件检验、无损检测、抽样和产品检验、假冒伪劣产品防范、不合格品管理、产品例外放行、质量记录、交付文件、纠正和预防措施、返修和更换或维修等过程控制活动。

明确地规定了供应商如何制定程序文件和标准规范，采用哪些有效措施和方法，应该形成、提供和保留的记录等方面的详细要求。

40 4.3 运用供应链理论对分供应商及其产品实现过程实施控制

明确要求分供应商质量体系也应该根据产品和服务的类型满足 ISO 9001、AS 9100、AS 9120《质量管理体系——航空航天——对库存经销商的要求》、AS 9103《关键特性波动管理》等标准的规定，并提供具有权威性的证明。要求所有的分供应商使用 AS 9102 A《航空航天首件检验要求》来进行首批产品的检测。

诺斯罗普·格鲁曼公司要求供应商确保所有从分供应商采购的产品满足诺斯罗普·格鲁曼公司采购订单的要求，明确诺斯罗普·格鲁曼公司对供应商适用的要求也同样适用于分供应商。

4.4　对供应商进行系统、量化评价和定级

建立了分类、量化的供应商评价体系,持续地对供应商的能力进行评价。供应商评价采用计分卡方式。计分卡分为两种类型。

第一种,支持采购的供应商计分卡(SAP)。为每个供应商指定一名供应商保证质量工程师(QFE),职责是确保质量情况的准确性,并把过程健康情况和精益生产/六西格玛等级录入计分卡。

第二种,支持分包合同的供应商评估管理体系(SAMS)计分卡。它提供标准的工具和在线数据库,以定期评估供应商的业绩。

评估方式有对供应商质量计划或系统现场调查、评估供应商质量手册和请供应商完成信息填写问卷等。

评估的结果用于为供应商选择的决策提供依据,并帮助供应商改善绩效。

为了激励供应商达到杰出质量水平,还制定了白金级评价计划。

4.5　可借鉴之处

诺斯罗普·格鲁曼公司对供应商实施科学、系统、量化的质量监督和评价,可借鉴之处如下:

(1)结合 AS 9100 系列标准和自身要求,制定一套对采购、外包等供应商质量管理的标准规范。

(2)根据供应商承担的任务,对供应商分类提出通过质量管理认证等资格要求。

(3)针对供应商提供产品和服务的类型和具体产品,明确提出过程控制的详细要求,给出应采用的系列技术方法。

(4)运用供应链理论,依据 AS 9100 系列标准,要求供应商对分

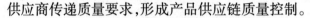

供应商传递质量要求,形成产品供应链质量控制。

（5）建立对供应商进行系统、分类、量化评价体系,持续地对供应商的能力进行评价,促进供应商实施持续的改进,不断加强供应商管理基础。

（6）建立并实施对供应商的激励机制。

第 5 章

雷神公司精益六西格玛管理

雷神公司(Raytheon)成立于1922年,有七个子公司:雷神防卫系统公司、雷神情报和资讯系统公司、雷神飞弹系统公司、网路中央系统公司、雷神飞机公司、雷神技术服务公司、雷神太空暨空用系统公司。雷神公司的核心业务集中在三个领域:国防和商务电子、商用和特殊使命的飞机以及工程与建筑。

5.1　精益六西格玛管理的商业战略

雷神公司从20世纪90年代末期开始经历了多次并购活动,在这些并购活动中,雷神公司主动将其他公司的最佳商业实践,例如六西格玛管理、精益/敏捷制造、全面质量管理以及标准与最佳实践做法和经验整合进雷神公司的六西格玛管理里。雷神六西格玛管理综合了传统六西格玛管理、精益、关注顾客、变革领导力,商业敏锐和团队领导力等内容。雷神公司六西格玛管理已经成为了雷神公司商业战略。

雷神公司的六西格玛管理远景是:建立起一个独特的卓越的公司;建立起一个独一无二的文化;让雷神公司成为职员自己塑造的;由生产能力、成本节约、成长、成功驱动;让雷神公司成为一个工作的好地方;让雷神公司成长为一个受世界尊重的企业。雷神公司明确了"领导者(总裁)在现行组织的文化和远景下确定六西格玛管理项目的全面战略"的要求。雷神六西格玛管理的准则包括:明确顾客关注的价值;识别价值流,减少浪费和波动;建立由顾客拉动的价值流;雇员参与;追求完美,持续学习。

雷神公司六西格玛管理的部署过程是,首先构想雷神公司级部署计划,然后向组成公司的七个主要经营领域(综合防御系统,智能 & 信息系统,导弹系统,网络中枢系统,宇航运输系统,技术服务有限责任公司,飞行器公司)推广。

5.2　精益六西格玛管理的历程和做法

1999 年雷神公司在实施六西格玛管理初期,主要关注与盈利和现金流直接相关部分的改进,包括生产能力、库存、账务流程等;随着六西格玛管理的成熟,六西格玛管理方法也逐渐开始应用于项目绩效,包括对关键链的改善,设计六西格玛,以及可预测过程,从 2004 年左右,六西格玛管理进一步关注于公司成长。在雷神公司,六西格玛流程改进步骤不同于经典的六西格玛管理步骤分为五步(定义、测量、分析、改进、控制),而是分为六步,即可视化、任命、规划、描述、提升、成就)。

雷神公司请咨询公司帮助设计最初的六西格玛黑带课程目录,后来该目录经过修改成为了雷神公司六西格玛专家课程目录。雷神公司六西格玛课程结构包括:能手级、绿带级、专家级、大专家级、领导力、网络学习。

雷神公司建立了一套完备的六西格玛管理专家培养机制,主要包括:商业战略驱动、针对特定的商业/职能进行培养、柔性稳健的课程计划、迭代的候选人评估机制、清晰的培养路线图、由企业监管进行六西格玛认证。雷神公司建立了六西格玛冠军(黑带专家级别)制度,由公司对每个经营领域雇员人数的 1% 进行雷神公司六西格玛专家项目培训,所有的雷神公司六西格玛专家均经过雷神公司学习研究院的统一培训,并经过公司的统一认证。

雷神公司"六西格玛能手"级别(绿带)在雇员里占一定的比重。近年来,随着商业领导者看到雷神公司六西格玛管理在提高利润方面的积极作用,雷神公司已经在多个层面设立目标,希望所有员工至少成为六西格玛绿带。

雷神公司建立了六西格玛参与者职业发展通道,所有的员工,不论是专家级还是能手级,均可以接受集成供应链、六西格玛设计等方面的持续教育。

雷神公司在内部实施六西格玛取得了极大的成功后,向外推广到供应商管理之中。自 2002 年初,雷神公司开始将六西格玛项目推广至其供应商,迄今为止已有 25 家供应商加入其中。

5.3　雷神公司精益六西格玛管理的成效和经验

尽管 2001 年雷神公司亏损 7.03 亿美元,但实施六西格玛后,该公司的现金流和运营收入却在逐年以近 50% 的速度增长。雷神公司的供应商在其帮助下实施六西格玛,取得了意想不到的收效。2006 年,雷神公司在“杜鲁门”号航空母舰导弹系统(RAM)的安装过程中实施六西格玛管理,整个安装过程仅用了 16 周,比 RAM 系统的最短安全时间记录提前 6 个月,部件改装费用比预算降低了 12% 。

雷神公司六西格玛的成功经验包括:领导者的支持并参与;与公司战略、文化相契合;能够应对内部和外部的商业变化;雇员参与;方法比较稳定;先进的方法得到市场认可;考虑资源、资金、雇员工作压力、优先级;预算、设立标杆、恰当的评估、负责的领导等。

5.4　可借鉴之处

雷神公司成功实施精益六西格玛管理,可借鉴之处如下:

(1)从战略层面,结合自身特点和发展需求,实施精益六西格玛管理,确定精益六西格玛管理目标和准则。

(2)结合产品实现过程和管理需求,创新六西格玛改进流程。

(3)开展精益六西格玛管理初期,把实施范围以与经济效益直接相关的部分为主,以便尽快取得实效。

（4）建立分层级的精益六西格玛课程体系，分层次培养精益六西格玛人员，尤其注重建立精益六西格玛管理专家培养机制，建立精益六西格玛管理参与者职业发展通道和持续教育体系。

（5）精益六西格玛管理推广到供应商管理之中。

第6章

太空探索技术公司低成本和高可靠管理模式

美国太空探索技术公司(SpaceX)于 2002 年 6 月成立,是一家由贝宝(PayPal)早期投资人 Elon Musk 建立的美国太空运输公司。该公司开发了可部分重复使用的"猎鹰"1 号和"猎鹰"9 号运载火箭,同时开发"龙"(Dragon)系列的航天器以通过"猎鹰"9 号发射到轨道。太空探索技术公司主要设计、测试和制造内部的部件,如 Merlin、Kestrel 和 Draco 火箭发动机。2012 年 10 月,太空探索技术公司从卡纳维拉尔角空军基地发射了"猎鹰"9 火箭,将"龙"太空舱送入轨道并与国际空间站对接,向国际空间站运送 455kg 的货物,这是太空探索技术公司货运飞船首次正式承担向国际空间站运货的任务。

6.1 建立并有效运行新型研制和管理模式

太空探索技术公司创立的初始目标之一就是提供低成本和高可靠性的太空商业服务。这也构成了太空探索技术公司与其他航天任务承担组织鲜明的不同之处。太空探索技术公司为了实现其在保持产品质量和高可靠性的前提下,降低成本和缩短研制周期的目标,做了多方面的努力。

太空探索技术公司的研制、管理和商业服务模式比全球其他航天企业具有管理简洁、低成本、高可靠性的特点,强调这三者共同作用。通过减少传统的管理层数和分供应商,该公司在加速决策过程、产品交付周期的同时,降低了成本;通过由自身完成大部分制造工作,该公司降低了成本,保证了对质量的紧密控制,并可以形成设计与制造团队的紧密迭代反馈。通过对可靠性的关注,采用简洁的、成熟的设计,该公司在制造复杂系统的同时保证了可靠性。

51

6.2　尽量简化产品复杂度

　　太空探索技术公司在新产品设计中充分体现和运用精益设计的理念和方法。太空探索技术公司认为,简洁是任何系统高可靠性的关键,运载火箭也不例外。使用越多的发动机、越多的分离事件,关键系统任务失败的可能性就越大。由于发动机失效、分离失效引起的运载火箭事故在所有事故中占了80%。如果能有效地处理、解决这两类失效,对提升运载火箭可靠性是非常有效的。对于运载火箭而言,两级结构、每级配备一个发动机的构造是最符合上述思路的。考虑到对于一级使用液体发动机的运载火箭,在发射前可以进行检测,只有二级火箭发动机失效和分离失效可能会造成载荷无法顺利入轨。目前,太空探索技术公司的"猎鹰"Ⅰ型火箭以及选用欧洲最简配的 Atlas V 和 Delta Ⅳ(不装配固体助推器)可以满足这一条件。

52

6.3　大量采用先进复合材料

　　太空探索技术公司在增加产品可靠性的同时,大大降低了太空飞行的费用。一个重要的举措就是大量的采用先进复合材料。通过提高推重比,复合材料的采用对于提高性能有着明显作用。这一点也是体现和运用精益设计的理念和方法。

6.4　应用成熟的、商业化的软件解决方案

　　太空探索技术公司在研制过程中,大量采用成熟的、商业化的软件解决方案,节约研制时间,保证质量与可靠性。例如,在"猎鹰"火

箭和"龙"飞船的研制过程中,西门子 Fibersim™软件被广泛应用于产品复合材料的设计和制造。如,在发现应用 Altium Designer 可以辅助可靠性设计以获得更高的可靠性并降低成本的时候,在设计过程中便及时引入了这一软件。设计工程师只需要对软件进行简单培训,便可有效应用。工程师应用这一软件仅两周时间,便开发出了电源分配板。目前,先进软件的应用在太空探索技术公司呈现出指数性增长。再如,为了加强对顾客期望的管理,太空探索技术公司部署了 Jama's Review Center 软件。通过这一软件,可以收集顾客的要求,同顾客进行交流,进行要求的管理。此外,任务经理还可以将需求进行分解,分发给设计师。另外一方面,软件还可以对要求的变更进行追溯,在此基础上,实现接口控制文件开发过程的自动化。

6.5 可借鉴之处

太空探索技术公司成功实施的低成本和高可靠管理,可借鉴之处如下:

（1）在理念上把保证产品质量和高可靠性、降低成本与缩短研制周期统一,而不是对立。

（2）研制、管理和商业服务模式力求简洁,尽量减少管理层数和分供方,尽量由自身完成大部分制造工作,形成设计与制造团队的紧密迭代反馈。

（3）在新产品设计中充分体现和运用精益设计的理念和方法,尽量简化产品复杂度、采用简洁成熟的设计,采用先进复合材料。

（4）在研制过程中,大量采用成熟的、商业化的软件解决方案。

53

第7章

欧洲空间局（ESA）产品保证与安全性工作

　　ESA 的产品保证以保证航天工程任务成功为目标,把管理与工程有机结合。ESA 的产品保证内涵和范围随着航天工程的发展而不断发展。尤其是 ESA 参加 NASA 牵头实施的国际空间站(ISS)项目以来,进一步加强了风险管理和安全性工作。目前,ESA 的产品保证和安全性工作与 NASA 的安全与任务保证范围大体相同,包括产品保证管理、安全性保证、质量保证、可信性保证、EEE(电子、电气和机电)元器件保证、软件保证、材料和工艺保证、技术风险管理和技术状态控制、质量管理体系、标准化等。在载人空间项目中,由于与 NASA 的工作相协调而且安全性工作更加重要,安全性工作在产品保证之外单独强调,又与产品保证有着密切联系。ESA 的产品保证与安全性工作不仅是对 ESA 所属的中心,而且主要是对承担 ESA 任务的组织和成员国相关机构。

7.1　ESA 产品保证和安全性组织机构及职责

　　ESA 的技术和质量管理部(D/TEC)技术范围涉及电子工程、机械工程、系统工程、产品保证和安全性,所属部门包括电子工程部,机械工程部,系统、软件和技术集成部,产品保证和安全性部,ISO 项目经理,技术中心支持办公室网络,欧洲空间研究技术中心试验中心,策划和管理支持办公室。产品保证和安全性部(TEC－Q)设在欧洲空间研究技术中心,其技术范围包括质量、可信性和安全性,元器件,材料和工艺,要求和标准,项目产品保证。产品保证和安全性部组织结构如图 1-7-1 所示。

　　产品保证和安全性部主要职责是识别和减少影响项目成功的因素,考虑人员安全,包括宇航员和运载发射台实验过程的操作人员。产品保证和安全性部工程师根据合同要求控制工业方生产零部件的供应,建立关键项目、不合格品、更改、偏离、超差、措施等的警报,其工作方法主要就是评审、审核以及对产品或过程进行监督。ESA 开发

57

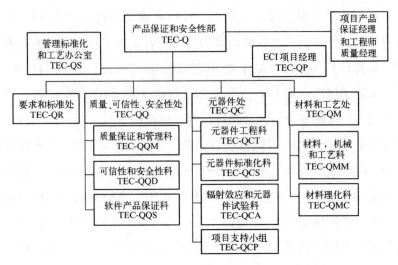

图 1-7-1　ESA 产品保证和安全性部组织机构

了一系列的产品保证、安全性、风险管理的培训课程。产品保证人员都要具备研制、生产经验和管理知识,特别是被派入项目的产品保证经理,更是具有丰富的技术阅历和管理经验的专家,常常是项目团队和用户之间沟通的关键人物。这些专家日常的工作向项目经理汇报,当碰到影响 ESA 全局的质量和安全性事件时,可直接向更高一级的经理汇报。他们最大的贡献是减少和控制 ESA 所有项目的风险,采取纠正措施。该部下设要求和标准处,质量、可信性、安全性处,元器件处,材料和工艺处。具体职责见专题篇 2.2.1～2.2.5。

7.2　ESA 的主要产品保证工作

7.2.1　产品保证管理

(1)每一个可见产品(项目)都要进行系统的产品保证策划,形成产品保证系列大纲和产品保证工作表单,列出适用的产品保证工作项目、时机和要求。

(2)建立矩阵式领导的项目产品保证工作系统,由产品保证和安全性部派出产品保证经理到项目办公室,同时对产品保证和安全性部经理和项目经理负责,又接受用户产品保证代表的监督,同时对下级配套产品的产品保证经理起监督和控制作用。并且产品保证经理可以独立地向产品保证和安全性部以致最高管理层报告。

（3）在合同的拟制和谈判过程中,要涉及到产品保证的要求,以保证合同逐级传递产品保证要求。

（4）设置了一系列固定的质量控制点和灵活的专项控制点,以及建立一系列技术委员会,实施技术评审。

（5）承制方要根据要求向用户提交产品保证进展报告,随时接受用户进行的监督和审核,允许用户产品保证代表随时审查项目技术和管理文件,查看正在进行中的设施,以致核查项目团队人员的技术资质,这种权利还可以延伸到承制方的下级供方。

7.2.2 安全性工作

在卫星项目中,产品保证和安全性部部长也负责相关安全性授权和设备的安全性认证（例如发射安全性放行、AIT 安全性放行）。在载人空间计划中,产品保证和安全性功能是分开的。载人计划（例如国际空间站和 ATV 货运飞船）的安全性工程要求与安全性专业机构和国际合作伙伴进行更专业的合作。

ESA 有效载荷安全性评审组（ESA – PSRP）与 NASA 合作建设,由工程、运行、航天员中心和 ESA 医学中心的专家组成,负责对 ESA 研制或资助研制、使用美国航天飞机或欧洲 ATV 货运飞船运往国际空间站的有效载荷进行安全性认证,接受 NASA 的年度核查。

7.2.3 质量保证

（1）明确两类质量专业人员的职责。质量专业人员包括综合质量人员、项目中的产品保证人员。其中,综合质量人员的职责是:支持不同类型的空间项目;项目评审中独立行使职能;参与研发;开发标准;项目中的产品保证人员的职能是参与项目集成、直接见证项目中的问题;应用标准。质量专业人员需要专业知识和实践经验,能够处理报警、内部问题通报、标准化反馈信息、项目评审等。

（2）开发和推行项目不合格报告（NCR）的通用工具。ESA 支持的不合格追踪系统（NCTS）是欧空局级的工具,在 ESA 项目免费使用、强制执行,为所有计划/项目提供通用数据来源,使项目不合格报告数据文件可通过网上读取和写入,不合格追踪系统对所有用户保持版本一致。产品保证和安全性部将其推广应用于所有 ESA 计划、工业部门、第三方设备提供商。

（3）实行在轨异常数据的交换、分析和积累。欧洲空间运行中心负责维护在轨异常跟踪系统。产品保证和安全性部支持项目工程师与项目最高技术官员对于在轨异常的内部分析和经验积累。对于通用设备,ESA 负责建立跨项目的数据库,以支持其他项目的选用和知识交流。

7.2.4 EEE 元器件保证工作

欧洲空间元器件协调委员会负责 ESA 空间元器件规范的协调和任务的制定。产品保证和安全性部主持空间元器件指导组（SCSB）,负责批准新品元器件的技术路线图和优先开发计划。欧洲空间元器件委员会（ESCC）总体负责欧洲空间用元器件战略及相关技术。ESCC 成员单位包括欧洲元器件生产商、工业界用户和欧洲各国航天局,主要目标是提高欧洲获得具有战略重要性的 EEE 空间元器件的能力。元器件处是 ESCC 的秘书单位。

7.2.5 技术风险管理

产品保证和安全性部负责技术风险管理,综合产品保证经理有责任在风险管理方面支持计划或项目经理。另外,产品保证和安全性部内部新设置了风险管理工程师职位。风险管理的任务通常包括建立项目风险管理计划、建立和维护风险登记数据库、定位风险所有者、监控风险降低措施的执行等。ESA 要求按照 ECSS – M – ST – 80《风险管理》和 ISO 17666：2003《航天系统 风险管理》开展定性的风险管理,制定了一系列具体举措。

7.2.6　质量管理体系

产品保证和安全性部负责 ESA 现有经认证的质量管理体系的正常运行。质量经理为各项目办提供综合支持,向产品保证和安全性部报告 ESA 质量管理体系运行情况。产品保证和安全性部准备 ISO 9001 认证计划并通过 ESA 提出认证建议。该部管理标准化和过程办公室(TEC – QX)负责准备和推广统一的管理过程,负责综合 ESA 管理手册,包括管理步骤、过程和实践。

7.2.7　设备认证

产品保证和安全性部正在 ESA 范围内启动规范化设备验证状态评审(EQSR),并建立设备验证状态数据库。设备验证状态评审允许公开发行设备验证状态数据库,方式类似于选用器件名录或采用工艺过程目录。该数据库可作为已验证过的合格设备用于特殊项目环境需求的适应性。欧洲卫星运营商已提出类似的设备认证需求,以保证运营可靠性和运营业务性能。

7.3　ECSS 标准体系及产品保证分支结构

欧洲航天标准化合作组织(European Cooperation for Space Standardiz,ECSS)为 ESA 及成员国工业界提供标准开发和维护服务。ECSS 标准体系目前约有 160 份各类标准,其范围覆盖管理、工程和产品保证等领域。其中产品保证分支体系(ECSS – Q)见图 1-7-2 和图 1-7-3。

62

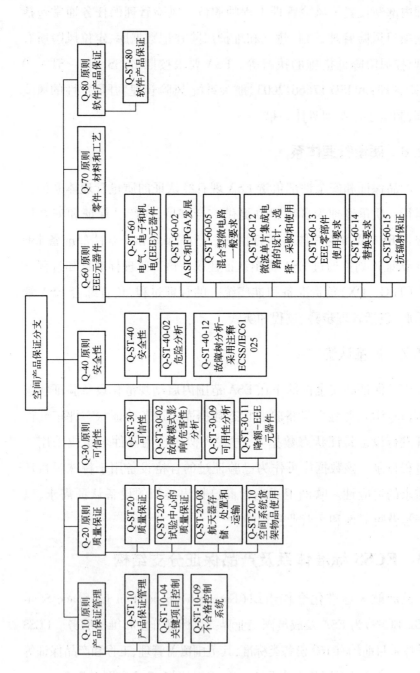

图1-7-2 ECSS空间产品保证分支体系（1）

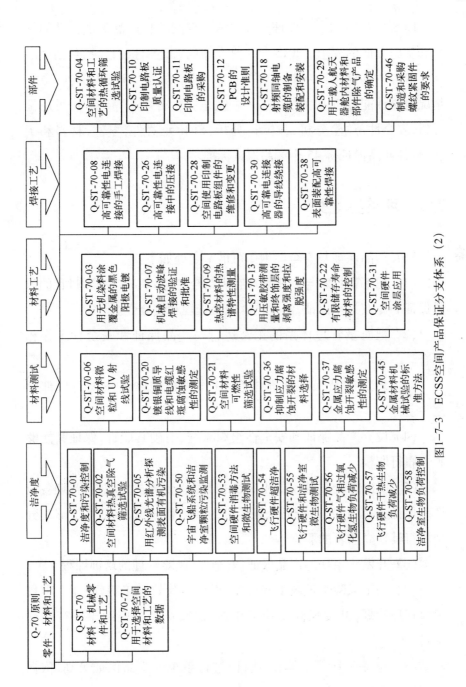

图1-7-3 ECSS空间产品保证分支体系 (2)

ECSS-Q 空间产品保证标准规定了空间项目产品保证活动的管理和实施方面的要求。2015 年 7 月发布的 ECSS 标准目录,包括产品保证管理,关键项目控制,不合格控制系统,质量保证,可信性,最坏情况电路性能分析,故障模式、影响及危害性分析(FMECA),可用性分析,安全性,危险分析,故障树分析,EEE 元器件,零件、材料和工艺,软件产品保证等 45 个产品保证标准。

7.4　可借鉴之处

ESA 产品保证与安全性工作可借鉴之处如下:

(1)把工程技术与职能管理有机结合,突出基础产品和过程的质量保证和专业技术保证,注重技术风险管理和安全性。

(2)把质量管理体系的正常运行与产品保证和安全性工作相融合。

(3)建立产品保证标准体系,并作为标准体系三大组成部分之一。

(4)设立产品保证和安全性组织系统,明确其职责,保证其能够独立履行职权。

(5)明确综合质量人员和项目中产品保证人员的职责,强调各级产品保证人员,特别是产品保证经理的经验和知识,保证其能够充分地履行其独立监督的职责。

(6)开发一系列的产品保证、安全性、风险管理的培训课程。

(7)制定风险管理政策和标准,设置风险管理工程师,建立项目风险管理计划,开发风险管理工作站,将风险管理应用于并行设计项目。

(8)对每一个可见产品(项目)进行系统的产品保证策划,依据合同逐级传递产品保证要求。

（9）建立矩阵式项目产品保证工作系统，明确项目经理是该项目产品保证工作的总负责，接受用户产品保证代表监督。

（10）强化各阶段质量控制点评审和专项评审，并在产品全链条上实行用户介入式监督管理。

（11）开发项目不合格报告的通用工具，并将其推广应用于所有专项计划、工业部门、第三方设备提供商。

（12）强化 EEE 元器件保证工作，建立空间元器件协调、指导和职能管理组织系统，通过 ESCC 成员单位提高获得空间元器件的能力。

（13）实行在轨异常数据的跟踪、分析、交换、经验积累和知识交流。

（14）结合工程特殊需求，开展安全性授权和设备的安全性认证，设立独立的安全办事机构和专家评审组织。

（15）开展规范化的设备验证状态评审，建立设备验证状态数据库，对已验证过的合格设备用于特殊项目环境需求的适应性实施设备认证。

第8章

国际空间站安全性与技术风险控制

国际空间站(International Space Station,ISS)是一项由 6 个航天机构联合推进、16 个国家直接参与的国际合作计划,它是迄今为止公认的最大的国际航天工程项目。国际空间站的设想于 1983 年提出,经过近十年的探索和多次重新设计于 1993 年完成设计。最初的舱段直到 1998 年才发射升空,2011 年 12 月完成太空组装。组装成功后的国际空间站作为科学研究和开发太空资源的手段,为人类提供了一个长期在太空轨道上进行对地观测和天文观测的场所和太空科学研究的平台。国际空间站研制、建造和运营成功的一个主要因素是 NASA 提出并成功地组织了安全与任务保证工作。

8.1　以安全性为核心的安全和任务保证

8.1.1　提出系统、明确、具体的安全性和任务保证要求

国际空间站从系统顶层制定了安全性和任务保证工作要求,如航天飞机项目要求(NSTS 07700)、空间运输系统有效载荷安全性政策和要求(NSTS 1700.7B)及国际空间站安全性要求(SSP 50021)等。具体项目的安全性、可靠性等要求可参照此类顶层要求来细化制定。

在国际空间站合同中,对承包商应该开展的安全性和任务保证(S&MA)项目提出了要求,包括:

(1)编制安全性和任务保证综合风险分析报告,应融合所有的安全性和任务保证的风险方面的内容,如危险源、故障模式影响分析/关键项目清单(FMEA/CIL)、平均无故障间隔时间(MTBF)等,并总结出风险因素。

(2)应当开展安全性、危险和逻辑树分析,应当进行综合分析来保证国际空间站(舱段和载荷外部附件)满足用户提出的安全性要

求。安全性工作应当符合 NHB 1700.1《NASA 安全性指南》,NASA 安全性政策和要求文档以及约翰逊航天中心(JSC)安全性和健康手册。

(3)应当开展和提供故障模式影响分析/关键项目清单分析。

(4)应开展维修性分析、预计和分配。

在可靠性方面,通过标准文件对可靠性指标等进行了明确且具体的要求,例如国际空间站标准 SSP 41163H《国际空间站项目俄罗斯舱段规范》中对可靠性定性要求主要包括:

(1)故障容限:对 91 项功能提出了故障容限要求,如总压力控制、氧分压控制、能量存储等功能。

(2)服务寿命:俄罗斯舱段应在首次发射后能够全性能工作 15 年。

(3)故障传播:单一设备故障不应通过美国舱的接口进行传播。

(4)冗余状态:对于要求连续运行的功能,在定期检查其冗余功能通路时,应当允许在不拆除轨道可更换部件(ORU)或者不中断舱段主要功能的情况下进行。

在质量保证方面,标准文件 SSP 41173 对质量保证过程的管理与策划、产品设计开发控制、标识与数据获取、采购、制造控制、试验控制、不合格品控制、计量控制、标志控制、运输存储标签管理、采样与统计分析、NASA 及国际合作者财产管理、软件质量保证等方面提出了明确要求。

8.1.2　实施统一、全面、规范的安全认证

NASA 与所有国际合作方的主管部门,包括俄罗斯的主管部门,签署了备忘录。备忘录委托 NASA 全权负责国际空间站的整体安全。承担这一职责后,NASA 给出了系统及其组成安全全面的认证。

例如,俄罗斯的舱段(Zarya 和服务舱)在最终的国际空间站设计方案形成之前就已经部分完成研制工作。NASA 的安全官员在这两个舱段发射之前对其进行了研究,并提出 4 个问题:

(1) 为了降低重量,对轨道碎片防护不足,对此,后来采取的补救措施是在需要时在轨安装防护面板。

(2) 由于舱段内空冷元器件的关键设备在真空环境下会失效,舱内压力下降之后不能正常运行。

(3) 由于服务舱窗门对紫外线和红外线防护不足、没有防碎片划伤面板、航天员防护等方面的问题,服务舱不满足国际空间站安装窗门的要求。

(4) 舱段内噪声达到 65 ~ 75dB,而 ISS 要求 24 小时都不能超过 55dB。

NASA 对 ISS 实施全面安全管理的安全评审过程加以明确,以便为飞行和地面产品以及保障性设备提供一致的分阶段的评审。

8.1.3　充分发挥安全和任务保证组织的作用

安全和任务保证办公室直接向国际空间站项目经理汇报,负责管理国际空间站安全性大纲。该组织综合了所有国际合作方提供的输入并管理他们的安全评审,管理所有的安全和任务保证活动,评审对重要承制方的要求。

NASA 建立了安全评审委员会。该组织评审和批准危险性报告以及飞行放行所要求的安全性数据包,评估国际空间站所有的飞行部分、飞行相关的保障设备、访问飞船以及组装操作的安全和设计。国际空间站设计、试验、生产和运营方面的关键产品由独立的安全性任务组评审。

8.1.4 高层次的安全性专家组织独立履行职责

航天安全性专家委员会(Aerospace Safety Advisory Panel,ASAP)是直接向 NASA、国会报告的高级专家委员会,于 1967 年"阿波罗"指挥和服务舱航天器着火事故之后由国会成立,40 多年来一直对 NASA 及 NASA 所有的项目提供支持。其成员由航天领域的现职或退休的高级专家组成,包括以前的 NASA 经理和宇航员。该委员会对国际空间站的设计、生产、建造和运营过程进行监督,向 NASA 局长提出建议,编制年度报告并向国会报告。

2003 年"哥伦比亚"号航天飞机事故之后,该委员会发布了一项报告,向国会陈述,并向 NASA 提出建议,要求保证其能更加独立的工作并被赋予在发射决策以及其他运营活动方面的运营安全性职责。该委员会指出 NASA 的项目经理在面对进度和预算压力时常常牺牲安全裕度,明确提出:NASA 一直存在项目经理和工程经理有权批准对安全性要求的超差特许,这一权力应该留给实施独立技术评价的独立的安全性组织,建议 NASA 的安全性组织应作为独立指挥链的一员,能够直接向局长汇报。该委员会在 2002 年度的报告中还列举了由于俄罗斯和美国工程人员之间交流不畅而导致的事件或可能的事故并发出了危险的警告。

8.1.5 对不同影响程度的潜在故障分层进行风险管控

NASA 将 ISS 的潜在故障的风险分为 3 个层次,对其采取不同的对策:

(1)对于灾难性危险,采用双故障冗余,即防止同时出现两个故障或两个操作错误,从而导致航天飞机、国际空间站伤残或致命的错误或故障。对于在轨空间站必须这样进行设计。

(2)对于关键的危害性,采用单故障冗余,即在轨的空间站需要设计成不会出现导致正常人员受伤、严重的职业疾病、重要的产品损害、在轨寿命保障功能障碍、应急系统损坏、航天飞机破坏的单点故障或单个操作员错误。

（3）对于一般性的风险,采用风险最小化设计,即危险由设计相关的属性和特性的安全性来控制,而不是由故障冗余标准控制。

上述 3 类风险中,尤其是对于灾难性危险采取的对策最为重要,其设计思想是产品必须符合双故障冗余要求。大部分重要的系统都是由美国和俄罗斯研制和建造,美国和俄罗斯的航天局使用完全不同的降低共因故障的方法。例如,国际空间站一直都采用 4 个制氧方式,俄罗斯的制氧机和贮箱内的氧气,美国的制氧装置和制氧罐。虽然出现过一些问题,但从来没有 4 个同时出现故障的情况。此外,大部分冗余系统都能进行在轨维修或更换,进一步提高了安全性。

8.2　强化技术风险的识别、分析和控制

8.2.1　尽量应用成熟技术并开展技术成熟度评估

技术成熟度评估(TRA)方法最早由 NASA 于 20 世纪 70 年代提出,并在航天工程中得到有效应用。1975 年,提出了技术成熟度等级(TRL)七级定义,通用动力公司首次将技术成熟度评估应用于 NASA 的航天飞机研制。1995 年,提出了技术成熟度等级九级定义,NASA 编制了《技术成熟度等级白皮书》,将技术成熟度评价列入了 NPR 7120.5,NPR 7120.8,NPR 7123.1 等一系列程序要求文件中。ISS 工程成功应用了技术成熟度评估。

国际空间站工程在初期就面临着这样一个问题,即选用比较成熟的、经过其他航天工程验证的技术,比较有把握,风险小,但可能在国际空间站这样一个长期工程的后期要面临作废;而选用经过验证

的成熟技术,能够有效地防止技术风险及其带来的进度拖期和经费超支的情况。

在国际空间站的开发阶段,针对基本任务能力,识别并明确了任务、性能指标、差距、薄弱点、冗余和风险等,对设计进行了能力评估。其中很多解决途径都要求对空间可能应用的技术评估其成熟度。虽然很多技术都在地面进行了测试,但是地面试验很难复现预期时间范围和精度下的微重力、辐射和人因等真实的空间环境的影响。为了降低这类风险,大部分选用的系统都已在"和平"号(MIR)、航天飞机、空间实验室进行了飞行验证或者作为"自由"号(Freedom)空间站工作的一部分进行了开发和试验。尽管很多系统后来都升级了,但升级采用了逐步演化的方式,从而降低了系统风险、费用,同时将进度风险降低到最低水平。

8.2.2　应用概率风险评估支持技术决策和发现薄弱点

NASA 特别明确了应用概率风险评估(PRA)的程序,把概率风险评估作为 ISS 决策工具,用于帮助工程和项目经理以及工程人员发现复杂的系统设计和运行的薄弱点,并帮助他们系统地识别和优化安全性改进。

进行概率风险评估,首先从风险定义开始,即采用 3 个问题来描述风险:可能出错的方面、出错的可能性、后果严重程度。然后进一步细化为更为全面的概率风险评估过程:①定义目标;②熟悉系统;③识别初始事件;④情境建模;⑤故障建模;⑥数据采集、分析与进一步总结;⑦量化综合;⑧不确定性分析;⑨灵敏度分析;⑩重要性排序。概率风险评估的成效,取决于管理层和同行专家的参与程度、管理层对评估结果的相信程度及采纳程度。

8.2.3 控制螺旋式建造方法的多技术状态问题

国际空间站在其组装过程中还必须作为一个航天器正常运行。具体讲,从第3次组装飞行开始就有航天员驻留了,这些航天员既要从事组装又要进行科学研究。国际空间站在组装阶段飞行了44种构型,同样还有同等数量的航天飞机的特殊构型,每种构型都由大量的更为小型的飞行单元组成。

这种螺旋式建造要在每个组装阶段综合考虑设计、配置和组装在国际空间站中整体运行的40个单元。这就意味着针对每一构型必须开发、编制和调整全部的运营程序、软件结构、中心和空间站惯性动量。为此,采取的措施有:①提出详细的多单元综合试验要求;②加强各部门、各中心和各国际合作方之间的沟通,而不是政府之间的沟通;③努力使接口尽量简化。

8.2.4 在保证可靠性和安全性前提下尽量选用成熟、商用的计算机软硬件

75

国际空间站计算机软硬件有意识地尽可能使用无须多少改进而同时又满足安全性要求的商用产品,从而降低工程费用和风险。最初完全定制开发的航天飞机板式计算机(PGSC)后来更换为商用的IBM Thinkpad 计算机,以具有更高的计算能力和足够的健壮性,并在选用的商用计算机基础上进行地面试验、安全性鉴定和部分改进,从而使计算机能适应在航天飞机或最终的 ISS 上安全地运行。例如,对便携式计算机是否适应比地面要低的大气压和航天飞机的环境进行试验;对便携式计算机的风扇进行改进,以适应微重力环境;安装电源适配器以适应航天飞机和空间站的电源电压等。

对于国际空间站及其分系统以及很多空间相关的实验室应用的各种各样的软件,也尽可能采用商用软件,特别是管理类软件。便携

式计算机都采用了 Windows 操作系统,采用标准的微软产品以及其他商用技术包。也有一些为控制试验和非关键设备而编写的专门程序是宇航员每次飞行时使用的。如由加拿大研制的 2 型机械臂组成的机动服务系统(Mobile Servicing System,MSS)选用 ADA 语言开发软件。虽然,这一语言开发早,但是该语言对于要求安全、低成本维护和接近完美可靠性的系统开发人员而言,仍是首选。软件的选用和开发不仅要充分考虑软硬件的结合,还必须充分考虑软件的升级、防病毒和黑客。

8.2.5 实施多装置综合试验和采用数字化预装与虚拟仿真验证

国际空间站的舱段由不同国际合作方使用不同的系统工程方法制造,而且只是在发射前"准时"交付。发射前在地面组装试验整个国际空间站是不可行的,大部分舱段在入轨之前没有进行物理上的组装。因为,往往是前一个舱段在下一个舱段完成制造之前就已经在轨运行了,且必须状态良好,然后才能增加新的舱段或分系统,每一个舱段和分系统都是作为一个新的独立的航天器进行运行。因此,舱段和零部组件必须具备高可靠性而且立即就能工作,加之在轨维修经常受限,NASA 开发了能够进行多要素综合试验(Multi - element Integrated Testing,MEIT)的新型试验系统。通过这一系统,大部分舱段和大型分系统在发射前可以进行某些综合试验以及有限的地面组装,模拟最终的"在轨"组装和操作,可以进行单机之间接口试验和验证以及系统的硬件和软件之间的端到端的可运作性验证。

多要素综合试验防止了原来在组装后才能发现的问题,试验了在轨运行的主要部分,在地面就发现并解决这些问题,从而降低了宇航员及其任务风险,并节省了大量的费用和缩短了进度。这一方法是波音公司从 777 飞机研制项目中积累的经验。

　　许多零部件是为在空间工作设计的(例如太阳能面板),因此无法在地面部署进行系统检验。为此,国际空间站引入了波音公司飞机研制中成功应用的数字化预装(Digital Pre-Assembly,DPA)和线缆评估或流体评估(Cable Assessment/Fluid Assessment,CA/FA)。专门为在轨组装的接口开发了先进的组件与组件间的物理和功能性验证方法。通过编制并维护所有零件的准确详细的测量结果,进行虚拟集成检查与建模,进行三维的虚拟分析或检查,进行所有线缆、电路和液压连接的仿真和连通检查等。

8.3　可借鉴之处

　　国际空间站是迄今为止最为庞大和复杂的航天工程项目,其安全和任务保证工作的可借鉴之处如下:

　　(1)针对载人的特点,把安全性和风险识别与防范放在首位,对安全性和任务保证进行系统策划。

　　(2)针对多个国际合作方参与研制和在轨组装与维修等特点,通过合同对承包商提出系统、明确、具体的安全性和任务保证要求,以安全性保证为重点,包括质量保证、可靠性保证和维修性保证等。

　　(3)以签署备忘录的方式,明确委托方全权负责整体安全,实施统一、全面、规范的安全认证。

　　(4)充分发挥安全和任务保证机构与专家组织的作用,尤其是建立安全性专家组织,赋予其相应的职权,保证其独立履行职责,如开展独立的评审。

　　(5)对不同影响程度的潜在故障分层进行风险管控,重点是针对灾难性和关键的危害,采用故障冗余设计。

　　(6)尽量采用成熟技术,系统性、规范化地开展技术成熟度评估。

　　(7)应用概率风险评估,以支持技术决策和发现系统设计和运行的薄弱点。

（8）针对边研制、边组装、边运营的螺旋式建造方法的多技术状态问题，采取多单元综合试验、加强各方沟通，尽量简化接口等措施。

（9）在保证可靠性和安全性前提下尽量选用成熟、商用的计算机软硬件，在此基础上，进行少量必要的改进，以满足需求。

（10）针对在轨组装、运营和维护的需要，加强相关软硬件条件建设，实施多装置综合试验和采用数字化预装与虚拟仿真验证。

第9章

国外航天质量管理对我们的启示

9.1　积极参与制定和充分应用国际航空航天质量管理标准

从 NASA、ESA 这样的国外航天机构和波音公司、洛克希德·马丁公司等世界级航空航天企业质量管理的有效做法和成功经验中可以看出,它们都十分重视参与制定和充分应用国际航空航天质量管理标准。其原因是:

(1)组织制定和发布国际航空航天质量管理标准的国际航空航天质量协调组织(IAQG),是国际上交流航空航天质量管理经验的机构,是把握国际航空航天质量管理发展和展示航天大国、强国地位的舞台。对此,重要的国外航天机构和航天企业都充分参与其中,日本虽然航天发展程度不如我国,但也在该组织亚洲分支机构中发挥最主要作用。

(2)AS 9100 等一系列国际航空航天质量管理标准反映了高于 ISO 9000 系列标准且具有航空航天特色的质量管理要求,是对航空航天发达国家相关机构和企业质量管理先进做法和成功经验总结提炼的结晶。充分应用这些标准可以有效地分享成功经验,提升质量管理水平。

(3)AS 9100 等一系列国际航空航天质量管理标准是国际航空航天质量管理的共同语言,充分应用这些标准是开展航天国际合作与交流的基础之一。

国外航天机构和航天企业参与制定和充分应用国际航空航天质量管理标准对我们有以下几点启示:

(1)更加积极地参与国际航空航天标准化组织的活动。航天系统虽然也派人参加了这一组织的部分活动,并开始承担起草质量管理的国际标准,但总体上讲,这项工作做得比较薄弱。我国应该努力承担航天质量管理国际标准制修订任务,把我国航天质量管理的先进做法和成功经验写入国际标准,努力成为在国际航空航天标准化组织中与我国航天事业成就和战略发展相适应的重要成员,大力提升在国际航空航天质量管理标准制修订中的话语权。

(2)更加及时地掌握国际航空航天质量管理标准的内容和发展动态。应该更加注重跟踪研究国际航空航天质量管理标准,加强与世界知名的航空航天企业、航天领域相关机构和国际航空航天质量协调组织在航空航天质量管理标准上的沟通,重点跟踪研究 AS 9100等国际航空航天质量管理标准的发展,并通过这些标准进一步研究世界知名的航空航天企业质量管理的科学做法和成功经验及其新发展,研究国外航天领域相关机构的研究成果,以及对我国航天质量管理的可借鉴之处。

(3)更加全面、直接、有效地应用国际航空航天质量管理标准。在质量管理体系文件编写、审核员培训和能力评价、关键特性波动控制、供应商资格评定和监督等方面,借鉴国际航空航天质量管理标准,完善航天行业标准,或直接应用 AS 9100 等国际航空航天质量管理标准于航天所属单位和供应商的质量管理要求,使质量管理与国际先进的航空航天企业和标准看齐,共享国际先进的航空航天企业质量管理理论与实践成果。

9.2 建立并有效运行先进及具有特色的质量管理体系

波音公司建立了"先进质量体系",在企业质量管理标准体系建设、多级质量管理体系集成化建设、质量专业机构和专业技术队伍建设、质量信息系统建设、质量监督与评价体系建设等方面有许多内容值得学习借鉴,其他国外航空航天企业质量管理体系建设的做法和经验也具有借鉴价值。近年来,集团公司虽然提出并推行了一系列质量管理措施和要求,但远未能达到系统化、规范化和集成化及有科学手段支持。

波音公司等国外航天企业应用 AS 9100 标准,反映自身特点和工程任务需求,建设世界级质量管理体系对我们有以下几点启示:

(1) 建立具有世界级水准和航天特色的质量管理标准体系。这是建设国际一流航天企业的基础和重要标志之一。应该学习借鉴国外先进的航空航天企业质量管理标准文件,总结自身经验教训,完善航天质量管理体系系列标准,包括质量术语标准、质量要求类标准、质量文化建设和质量技术方法应用指南类标准、质量专业人员和专业性机构资格管理和能力评价类标准、质量监督评价和审核类标准、质量奖评价和评分指南标准等,将质量管理的新要求和质量技术方法的应用要求、时机和程序等纳入其中。

(2) 强化质量管理体系集成化建设。把按照行业特点、任务需求和组织结构来整合和提升质量管理体系作为一项重要工作,建设多级母子公司型质量管理体系,体系建设以型号任务保证工作及其所需的专业基础能力建设为核心,强化各级综合质量部门和安全与任务保证专业机构的组织建设,建立各级质量专项经费保障的渠道。完善集团公司、研究院和厂(所)三级质量信息收集、分析、上报、交流、共享和知识提炼的管理机制。完善质量技术方法研究与推广应用的工作系统。

(3) 建立关键岗位资格管理和系列化全员质量教育培训制度。构建各级各类人员的质量知识体系和技能要求标准,建立各岗位上岗和转岗前质量培训机制,建立质量培训基地和培训教师队伍,实施系列化、专业化、规范化的质量培训教育。

(4) 建立职业化质量专业队伍管理制度。按照统一、规范的原则对质量专业人员实施资格管理,加强综合质量管理人员、质量技术推广人员、安全与任务保证专业人员、检测人员、计量人员等培训和上岗资格管理。

（5）加快网络化质量信息系统建设。完善质量信息全面收集、快速上报、系统分析和及时反馈的管理制度和工作体系。完善各专业、各类产品质量基础数据库，实现质量标准文献、方法工具的知识管理、信息资源共享和专业支持，提高现场实时过程质量控制和快速举一反三的信息化支持能力。建立与供应商、用户的质量信息反馈、沟通、交流渠道和机制。

（6）健全多层级和全方位质量监督和评价体系。完善质量管理体系评估和专项审核的组织机构、专家队伍、工作机制和管理制度。加强与认证机构的沟通与协作，把航天质量管理的特殊要求融入质量管理体系认证审核之中。统一组织对外包供应商准入评定。探索建立型号工程质量监理制度。

（7）完善覆盖全寿命和全方位的质量绩效量化测量体系，从产品质量、过程受控情况、完成任务情况和经济效益、顾客满意度等方面进行测量和评价，促进从战略层面到具体流程和活动中，长期、全面、系统地实施追求卓越的持续改进。

（8）完善航天卓越绩效奖，形成具有航天特色、适应集团发展需求和航天质量卓越绩效模式的奖项，对集团公司所属单位、项目团队和员工个人、供应商和合作伙伴等在质量方面的突出贡献给予表彰和奖励。

9.3 围绕型号工程系统开展安全与任务保证工作

NASA、ESA 等航天机构和承担其航天任务的企业之所以实施安全与任务保证（产品保证和安全性工作），而不仅是按 ISO 9001 标准进行质量管理体系建设，是根据航天工程规模大、技术复杂、协作广、需要元器件等基础支撑要求高、系统工程管理等特点,从多年航天工程经验教训中总结而逐步形成的。实践证明,在航天领域,管理与工程是分不开的,质量与安全也是密切关联的,系统成功是以基础产品、工艺的保证为前提的。NASA 的安全和任务保证与 ESA 产品保证和安全性工作在内涵和范围上大同小异,尤其是 ESA 参与了 NASA 牵头的国际空间站工程之后,更加注重安全性工作,两者的内涵和范围更加趋同。可以认为,美欧航天机构和航天企业通过成功实施安全与任务保证,摸索到了保证航天工程质量的规律。这对我们深化和提升产品保证工作具有以下几点启示:

(1)结合航天工程任务和企业的发展,不断探索创新产品保证管理体制机制。应充分学习借鉴国外安全和任务保证管理最新理论和实践,紧密围绕重点型号,使型号研制产品保证向预先研究演示验证和在轨运行保证两头延伸,成为航天工程全寿命的安全与任务保证,开展安全与任务保证的管理体制、技术体系及其各专业发展的系统策划和专题研究,系统总结和理论提升产品保证经验教训,制定安全与任务保证战略规划,落实经费资助,建立独立审核制度、软件独立验证与确认制度、故障报告制度、事故调查制度、经验共享制度,大胆探索和全面推行具有自身航天特色的安全与任务保证模式和方法体系。

(2)建立具有国际先进水准和自身航天特色的安全与任务保证标准规范体系。加强对国外航天安全与任务保证标准规范的跟踪研究,对其充分借鉴或直接应用,及时总结提炼、交流和固化开展安全与任务保证的最佳实践经验,建立健全安全与任务保证文件和标准规范体系,编制一批安全与任务保证培训教材和工程手册。

(3)强化技术与管理一体化的安全与任务保证专业机构和专业队伍建设。强化安全与任务保证专业技术机构的制度建设、队伍建设和条件建设,组建并维持一支高水平的专业队伍,尤其是建立健全专职安全与任务保证经理和质量保证代表、可靠性代表、系统安全代表制度,不断加强安全与任务保证各专业专家组织建设,建立安全与任务保证专职机构明确专职人员及职责,从而形成一整套安全与任务保证工作体系,跨越式提升安全与任务保证专业技术机构和专家组织开展产品保证技术支持、监督评价等方面的能力。

（4）围绕航天工程系统性开展安全与任务保证工作。进一步强化型号安全与任务保证工作系统策划,规范化编制安全与任务保证大纲等文件,明确安全与任务保证的工作项目、要求和资源保障,把安全和任务保证要求条款纳入合同并通过供应链向下传递,确保安全与任务保证要求在各级产品得到落实。强化先进适用的安全与任务保证技术方法工程应用,为此提供技术应用软件工具和专家指导,尤其是要强化可靠性设计、分析和验证,强化技术风险的识别与分析,强化过程精细量化控制,强化元器件和软件的管控。在工程寿命周期各里程碑,由安全与任务保证及各专题的专家组进行独立的评审和风险评估,对航天工程全过程实施有效监管。

（5）全面落实安全与任务保证工作的各项资源。建立安全与任务保证专业发展和标准规范制修订的专项经费来源渠道,开发和维护安全与任务保证的信息系统和各专业软件工具,建立安全与任务保证的数据库、标准文献库、知识经验和案例库,组织开展安全与任务保证及各专业的交流与推广活动。

9.4　将精益六西格玛管理融入航天质量管理

NASA、波音公司、洛克希德·马丁公司、诺斯罗普·格鲁曼公司、雷神公司和通用电气公司等国外航天机构和世界级企业都已成功地导入并结合自身实际有效开展了六西格玛管理,并取得显著成效。综合分析其有效做法和主要经验,对我们丰富质量管理的内涵,提升质量管理科学性、系统性和有效性具有以下几点启示：

（1）跳出六西格玛的统计概念，把精益六西格玛管理中追求"零缺陷"、持续改进、减少过程波动、注重质量经济效益的理念和原则融入和丰富到航天质量文化理念中，导入并结合自身实际有效开展精益六西格玛管理，使之融入航天现行的质量管理，明确实施六西格玛管理的目的就是要同时实现提高产品质量、降低成本、缩短研制生产周期和赢得顾客满意。

（2）各级领导应亲自倡导和推动导入精益六西格玛管理，将其作为战略、管理体制和文化的重要组成部分，实施顶层策划，实施观念转变和管理变革，把精益六西格玛管理与现行的质量文化建设、质量管理体系建设、产品保证和量化质量控制等活动有机结合，而不是把精益六西格玛管理作为一项单独的一阵风式的管理活动。

（3）把六西格玛管理与精益生产、精益设计、TRIZ、平衡记分卡等有机结合，运用精益六西格玛中突出强调的顾客需求量化分析和转换、精益设计和精益生产、稳健性设计、过程波动控制、质量经济效益分析、顾客满意度测评等质量技术方法，将六西格玛设计和六西格玛改进方法和安全与任务保证、可靠性分析、技术风险识别与分析、精细量化过程等方面技术方法有机结合，并结合本组织的实际，形成适合本组织特点的质量技术方法体系，并通过编制标准规范、工程手册和开发软件工具，促进这些技术的应用。

（4）借鉴六西格玛管理通过培养黑带、绿带等不同程度掌握六西格玛方法和具有六西格玛工作经历的专职、兼职实施六西格玛技术人员的方法，结合质量知识的学习，通过参与质量控制和改进项目，系统性、分层次地培养掌握质量技术的专家，包括专职从事质量技术指导和推广工作的专家和科研生产一线应用质量技术的骨干，从而健全质量专业技术队伍。

（5）强调密切结合科研生产活动，通过改进或创新项目，选择确定新产品设计、产品改进项目,把现行质量可靠性技术与六西格玛设计、六西格玛流程改进有机结合起来并加以工程应用,从而在提高产品质量、降低成本、缩短研制生产周期和赢得顾客满意方面取得实际效果。

9.5 质量管理适应数字化制造的技术发展

(1) 树立数字化制造和并行工程的先进理念。航天工业已经进入数字化制造这一新的发展阶段。数字化制造与传统制造相比,不仅提高了精密化、柔性化、集成化的程度,而且具有使制造过程更加虚拟化、网络化、智能化、敏捷化、清洁化的特点。国外的经验表明,并行工程是在新产品开发中,适应数字化制造的组织管理模式。为更加充分地发挥数字化制造的优势,应明确需要充分利用计算机软硬件手段和数控加工手段,有效运用数字仿真试验和虚拟制造等方式,实施产品设计与过程设计并行、多学科综合协同等先进理念和科学措施。

88

(2) 建立适应数字化环境和并行工程的标准规范体系。制定数字产品定义过程、数字化产品设计分析与优化、数字化预装配与数字样机等数字化设计标准,制定数字化工艺设计、数字化工装设计、数控加工检测等数字化制造标准,制定数字化测试试验、数字化测量与诊断、专业技术仿真试验、系统仿真试验标准等数字化试验标准,制定并行研制的组织结构和沟通管理、技术状态管理、评审与数据发放流程、协同设计计算机软硬件支撑环境和信息安全标准等实施并行工程的标准,把任务保证等作为这些标准的重要内容,运用标准规范统一规范数字化环境和实施并行工程中的语言、要求、方法和程序。

(3) 建立数字化制造信息系统。建立基础数据库,并系统地将使用手册、产品设计的标准和要求、三维标准件库、成件库、材料库、型

材库等纳入数据库系统。加强 CAD/CAM 技术,PDM 与 CAD/CAPP/
CAE/CAM、MRPII/ERP、OA 的集成技术,数字化设计与虚拟制造连接
技术,虚拟仿真技术的开发应用。完善其中数字化质量系统,构建数
字化质量数据采集、检测和过程控制方法和工具,支持数字化环境下
并行研制过程质量管理,覆盖产品全寿命周期质量信息。

(4) 建立数字化产品研制过程质量控制要求,研究提出适应数字
化制造环境的质量控制措施,包括数字化产品定义、数字化产品预装
配、数字样机等方面的质量控制要求和措施,研究提出数据有效性、
产品数据模型更改、数据预发放和发放、数据安全性等方面的控制要
求和措施。

9.6　按照现代管理理论实施对供应商的质量管理

波音公司、洛克希德·马丁公司、诺斯罗普·格鲁曼公司等国外
航天企业依据合格评定、供应链管理、卓越绩效模式等现代管理理
论,不断丰富供应商管理的理论与实践经验,全面、有效地实施了对
供应商的监督和管理,全面提升供应商(协作配套单位)质量管理,追
求与供应商"双赢"。对我们提升供应商管理具有以下几点启示:

(1) 依据合格评定理论,通过认证认可工作强化供应商的资格管
理。明确本企业认可的质量管理体系认证机构,与认证机构合作,如
合作培训和确认审核员,确认审核标准程序等,有效进行第三方认
证。对重要的供应商开展规范化的第二方质量管理体系认证,并与
软件能力成熟度评定密切结合,开展第二方实验室认可。

(2) 依据供应链管理理论,把本企业的质量管理做法和要求引入
供应商。制定并不断完善对供应商管理的系列标准规范,按照供应
链管理的理论将本企业内部质量管理的相关标准贯彻到其供应商和
次供应商,通过培训、提供指南和手册等方式帮助供应商应用质量技

术方法。

（3）依据卓越绩效模式理论，建立健全对供应商质量监督和评价的体系。开发供应商质量信息系统，对供应商开展定期和专题的顾客满意度测量评价，与重要的供应商建立战略合作伙伴关系，设立鼓励供应商圆满完成任务的质量奖，以促进供应商产品质量和质量管理追求卓越。

专题篇　国外航天质量
管理方法及其标准

　　本书收集、整理和分析 NASA、ESA、波音公司、诺斯罗普·格鲁曼公司、空客公司在实践中形成的一系列先进的质量管理方法、工程经验以及标准，选取对航天科技工业具有借鉴作用的方法和标准，如安全与任务保证、产品保证与安全性、供应商质量管理、数字化研制及其质量保证、技术成熟度评价以及国际航空航天质量组织机构和质量管理标准，进行重点介绍并形成专题，以便我国航天科技工业对其进行学习借鉴。

第1章

安全与任务保证

1.1　NASA 组织结构

美国国家航空航天局（NASA）成立于 1958 年,是美国政府的一个行政机构。NASA 的任务活动主要来自于政府,其活动经费来源于政府,由政府通过国会拨款,此外,它还承担了少量的商业项目。

NASA 的组成机构包括位于华盛顿特区的 NASA 总部、下属的 9 个中心以及一个喷气推进实验室。NASA 的组织管理机构见图 2-1-1。

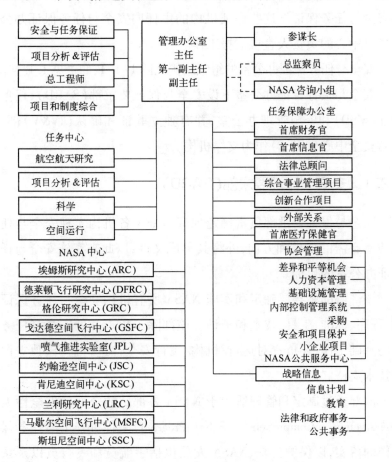

图 2-1-1　NASA 组织结构图

1.2 NASA 安全与任务保证组织及职责

NASA 建立了严密的安全与任务保证组织,维持了一支高水平的、较大规模的安全与任务保证队伍。在 NASA 总部设有安全与任务保证办公室,作为统管 NASA 的质量、可靠性、安全性的职能部门。在总部各事业办公室均设有负责安全与任务保证的专职人员,在 NASA 的各大直属中心都设有相应的保证机构,负责该中心及其外协项目的安全与任务保证。这些保证机构的主任向安全与任务保证办公室和各自中心的负责人直接汇报工作。

安全与任务保证办公室的组织结构见图 1-1-1,职责见 1.1.1 节。

安全与任务保证办公室下设安全与保证要求部(SARD)、任务保障部(MSD)和资源管理办公室,并有独立验证和确认(IV&V)部、工程与安全中心(NESC)作为支撑机构。

1.2.1 安全与保证要求部(SARD)

安全与保证要求部负责确定保证 NASA 各机构实现安全与任务成功所必需的要求和方向,并将其形成文件,以此来实施安全与任务保证办公室的目标。

该部协助领导层确定和实施 NASA 所有机构安全与任务保证政策、程序、标准、工具、技术和培训。该部除了负责开展安全与任务保证的基础工作,还负责对运行/机构/飞行安全性进行监督、独立评估和技术支持。

该部通过制定和管理适用于 NASA 各部门的全面的安全性大纲(the Agency's Comprehensive Safety Program)来促进安全与任务保证工作的落实,以保护公众、NASA 人员包括宇航员和飞行员以及系统硬件。该部制定的保证要求、工具、技术可在操作和系统开发寿命周期中方便使用。该部提供政策和要求解释,促使任务办公室及机构活动中将安全性技术的应用作为任务成功的第一步。

1.2.2　任务保障部(MSD)

任务保障部通过实施方案,监督执行与评估 SMA 的绩效和 NASA 任务委员会的相关过程,来提高 NASA 所有任务安全和成功的概率。

该部致力于通过下列目标完成任务:

(1) 安全与任务保证年度工作协议(Annual Operating Agreement, AOA):制定、维护、改进实施方案;识别差距;协助解决 NASA 各中心安全与任务保证过程中的不足。

(2) 项目和过程监督:NASA 主要项目的开发和运行要不断执行总部级别的监督,如航天飞机、国际空间站、空间发射计划、X - 项目和科学任务等,以保证 NASA 政策和 SMA 过程的实施满足机构和任务委员会的期望。

该部承担监督、政策和程序指南及保障的职责,为安全与任务保证办公室的顾客提供初始接口。

该部确保安全与任务保证有效项目的稳定性、能力和实施,包括与任务委员会总项目和项目(programs and projects)相适应的安全性、可靠性、质量保证和风险管理。该部监督任务委员会(SMA)过程是否切实执行 NASA 政策和指南,并确保任务委员会实现安全与任务成功的目标。

各中心安全与任务保证组织为总项目和项目级别提供技术支持、知识和独立评估。各中心安全与任务保证组织向任务保障部提供年度工作协议,详细描述本中心安全与任务保证组织提供给其企业顾客的安全与任务保证产品和服务。

97

1.2.3 资源管理办公室

资源管理办公室主要负责预算和合同、人力资源、后勤和管理、采购、George M. Low 奖、质量和安全成就认可奖(QASAR)、通信和公共事务、策略规划、持续改进过程、政策和程序要求等事项。

1.2.4 独立验证和确认(IV&V)部

NASA 的独立验证和确认部建于 1993 年,位于西维吉尼亚工程技术部的中心地带,旨在为任务的关键软件提供最可实现的安全性和费效水平,是安全与任务保证办公室的软件保证技术支持机构,目前全职员工 150 名。

该部在 NASA 委员会内提供增值服务过程,主要围绕该部提供需要的软件服务这一主要目的展开,包括正在开发的关键软件的独立验证和确认、系统工程保障和软件保证研究。

该部为了完成任务必须在其核心功能领域取得成功,通过掌握任务中的关键要素,该部员工和承包商在少数的主要领域（职能组织,或重要的支持者)提升任务完成质量。这些支持者为独立验证和确认部提供完成最终任务的方法,从而使得内外部顾客和相关方都满意。

1.2.5 NASA 工程与安全中心(NESC)

NASA 工程与安全中心的任务是对 NASA 高风险项目实施增值的独立测试、分析和评估,以确保安全与任务成功。该中心帮助 NASA 避免将来出现问题。

该中心是受独立的资金资助的,有自已的专业队伍和一批技术专家,为关键、高风险项目提供客观的工程和安全评估。

该中心的目标是:通过工程卓越提升安全性,对评估项目保持

98

公平和不受影响。该中心对机构、各中心、职员以及项目和组织都有益。

1.2.6　NASA 可靠性和维修性指导委员会

安全与任务保证办公室组织、资助 NASA 可靠性和维修性指导委员会（Reliability and Maintainability Steering Committee），编辑、更新、补充"有效维修性推荐技术"和"推荐的可靠性实践"，提供实用性强的可靠性、维修性技术和方法及标准剪裁，包括项目管理、系统设计、分析与试验、系统使用过程中的有效技术。这些技术文档已被编成可装载文件格式（PDF 文件），在网路上进行技术推广。

可靠性和维修性指导委员会于 1989 年成立，由安全与任务保证办公室的安全性与风险管理部负责管理和活动经费支持，由来自 NASA 总部和埃姆斯研究中心、兰利研究中心、格伦研究中心、马歇尔空间飞行中心、戈达德空间飞行中心、约翰逊空间中心、肯尼迪空间中心、喷气推进实验室的可靠性、维修性专家组成，为 NASA 项目和航空界提供可靠性、维修性技术指南，推进有效的可靠性、维修性实践技术的应用，开发、评价新的可靠性、维修性方法、技术及研究它们在 NASA 项目中的应用前景。

1.3　NASA 型号/项目安全与任务保证组织

1.3.1　NASA 型号/项目安全与任务保证经理和工作组

NASA 某项工程（型号）启动后，由 NASA 局长或中心主任或总部事业办公室负责人依据型号的大小/重要程度来委任型号/项目经理，由相关机构的行政、技术管理人员组成"型号/项目管理委员会"。同时，重大型号或跨事业办公室的项目由安全与任务保证办公室直接出面,其他项目由各事业办公室的安全与任务保证经理或各中心的安全与任务保证机构出面,负责组成型号安全与任务保证工作组,由型号经理和安全与任务保证机构负责人负责挑选一位型号安全与任务保证主任/经理,并由型号经理任命,主持该型号安全与任务保证工作组的工作。

型号经理及型号安全与任务保证经理在安全与任务保证机构指导下拟订该型号的质量、可靠性、系统安全性大纲计划,依照 NASA 的有关标准、政策和具体型号的技术要求,规定安全与任务保证工作项目和工作计划。

1.3.2 NASA 型号/项目质量、可靠性、系统安全性代表制度

1.3.2.1 质量、可靠性、系统安全性代表制度的建立与运行

NASA 在安全与任务保证大纲计划中商定型号质量保证、可靠性、系统安全性首席代表名单以及他们的职责、权利,对该型号/项目实行独立的质量、可靠性、系统安全性代表负责制度。

型号安全与任务保证主任/经理及质量、可靠性、系统安全性代表与型号经理以及安全与任务保证机构保持直接的联络通道,按时报告各项工作,并配合、支持有关安全与任务保证事务专门组织的专项工作,如跨机构核安全性评审委员会的评审活动,事故调查组、空间安全咨询委员会的活动等。

必要时,质量保证代表、可靠性代表、系统安全性代表应就安全与任务保证相关问题与 NASA 的安全与任务保证机构联络,向有关专家咨询。如果与派驻机构发生争执,必须通知有关的安全与任务保证部门。

1.3.2.2 质量保证代表(QAR)

在 NASA 项目中由各中心的安全与任务保证机构委派一个独立的(其人事、工资、业绩鉴定与该项目独立)、经过授权的项目质量首

席代表(在由安全与任务保证组织与该项目经理共同制定的项目质量大纲计划中确认)。该质量代表有正确执行质量大纲计划的资源与权力。

　　在 NASA 对外签订的技术、生产合同中,订立安全与任务保证条款,规定:按 NASA 的安全与任务保证政策和标准确定安全与任务保证大纲及有关试验的要求,参加政府与工业界数据交换网(GIDEP)。同时还规定由 NASA 的安全与任务保证机构向承担 NASA 项目的公司、生产厂派出质量保证代表,质量保证代表可为1人或多人,负责提供有关质量保证问题的指导,主持该合同项目的质量保证规划会议,负责厂内质量评估(In – Plant Quality Evaluation,IQE),参加设计评审,对外购件(或服务)实施控制,作为设计更改和技术状态管理委员会的成员。

　　质量代表可委派经过培训、有合格证书的人员或组织完成选定的检验、监测工作。

　　质量代表还负责开发、实施和维护用于监督产品和材料识别、数据检索的系统和/或技术工具。

1.3.2.3　可靠性代表(RR)

　　NASA 规定由型号经理和安全与任务保证机构共同负责,挑选一位能正确完成该型号/项目所有的可靠性和维修性相关工作的可靠性代表(Reliability Representative,RR),其权限与质量保证代表类似。

　　该可靠性代表负责组织起草该项目的"可靠性大纲计划"(由项目经理批准,安全与任务保证机构负责人认同),直接负责该项目的可靠性、维修性管理事务,如制定"可靠性设计指南"、"维修性设计准则",对设计人员的可靠性知识培训(而项目经理应负责对可靠性人员进行相应的工程知识培训),参与设计评审、可靠性预计、分配,还负责保证该项目完成必要的可靠性活动(如 FMEA、单点失效分析、

101

FRACAS、参与政府/工业界数据交换网、最坏情况分析、可靠性评审、可靠性试验结果评审、维修方案的制定)等。

1.3.2.4 系统安全性代表(SSR)

对某些高风险项目,项目经理还要与安全与任务保证机构合作,制定、实施"系统安全性大纲计划",委派系统安全性代表(System Safety Representative,SSR),其权限和工作方式在系统安全性大纲计划中予以认定。

系统安全性代表负责安全性设计准则的制定,参与设计评审,进行安全性监督;组织、监督进行系统初步风险分析(PHA)、分系统危险分析(SSHA)、故障树分析(FTA)、系统危险分析(SHA)、系统使用与保障危险分析(O&SHA)、安全性鉴定报告(SAR);负责组织风险评审等。评审结论和分析报告报安全与任务保证机构和项目经理。

1.4 NASA 安全与任务保证工作主要内容

安全与任务保证办公室根据 NASA 的战略规划、管理计划、组织宪章来制定安全与任务保证战略规划和方针政策,维持安全与任务保证机构的正常运转,制定一系列的指导性文件、标准、手册;推荐一些已被证明为有效的先进的可靠性、维修性技术;成立不同层次的安全与任务保证咨询组,明确各级安全与任务保证机构和员工的职责;在其内部机构的总装厂、承包商实行内部过程认证制度、质量代表制度、故障报告制度、事故调查制度、经验共享制度;制定并执行安全与任务保证人员培训计划(PDI 计划)、独立审核制度、软件独立验证与确认制度;开发、使用并不断完善一些信息系统和安全与任务保证工具;直接组织重大/跨事业办公室或中心的型号/项目的安全与任务保证评审/鉴定,以实现 NASA 的安全与任务保证战略目标。

1.4.1　安全与任务保证年度工作协议

　　各中心和总部各业务办公室的安全与任务保证主任或职能经理根据其具体项目计划,制定本单位的安全与任务保证年度工作协议,呈送中心负责人或总部负责该业务办公室的 NASA 副局长批准,同时抄送一份交安全与任务保证办公室主任认可、备案。

　　协议规定该单位年度的安全与任务保证工作内容、实施方案。

1.4.2　各项目(型号)的安全与任务保证大纲、风险管理计划

　　各项目经理在其所在中心或业务办公室的安全与任务保证经理的协同下,制定项目安全与任务保证工作计划、安全与任务保证大纲和风险管理计划,并纳入安全与任务保证年度工作协议之中。

1.4.3　过程验证小组与 ISO 9000 认证

　　由各中心和总部各事业办公室的安全与任务保证主任或职能经理在中心主任或负责该事业办公室的 NASA 副局长的支持、领导下,实施 ISO 9000 系列标准,由安全与任务保证办公室员工领导并聘请咨询专家参加的过程验证(PV)小组负责进行独立的过程评审和 ISO 9000 认证。

　　国际航空航天质量管理体系标准(AS 9100)发布后,NASA 于 2002 年 4 月 8 日发布了 AS 9100 标准的采用通告。NASA 针对产品所要求完成的工作的复杂程度提出了最低质量要求政策:

　　(1) 关键的和复杂的工作应按照 AS 9100 质量体系要求进行。

　　(2) 关键的但不复杂的工作(如零部件的制造)应按 AS 9100 质量体系要求或 AS 9003 的检验和试验质量体系要求进行。

　　(3) 既不关键也不复杂的工作应满足合同中规定或批准的试验和检验要求,但要有记录以证明要求的试验和检验活动的完成及其

结果。

（4）工程、采购或质量保证保障服务应按 AS 9100 或 ISO 9001 的质量管理体系要求进行。

美洲航空航天质量协调组织（AAQG）的航天论坛建立针对 AS 9100 的航天审核员培训方案，培训内容涉及风险管理、技术状态管理、关键特性控制、供方控制、材料工艺控制等。组建了"联合审核策划委员会"。

1.4.4　安全鉴定、安全与任务保证评审

组织、参与重大项目的安全性、风险鉴定会，并提供行政、技术支持。如与项目管理委员会（Program Management Council，PMC）一起对 NASA 项目进行独立的安全性、风险鉴定；对 HEDS 和国际空间站的发射、组装和在轨作业进行独立的安全与任务保证评审等。

这一工作的具体过程如下：

（1）由型号（或项目）安全与任务保证经理在型号经理的领导和安全与任务保证办公室或中心安全与任务保证人员参与、指导下编制"系统安全性大纲"、"可靠性大纲"、"质量保证大纲"，共同选择系统安全性代表、可靠性代表、质量保证代表，负责该型号的安全性、可靠性、质量保证工作项目的实施，负责收集相关信息，向型号经理和相应的安全与任务保证机构报告型号/项目的安全性、可靠性、质量保证工作情况。

（2）在型号研制的各里程碑，结合"型号/项目管理委员会"，组织安全与任务保证专家（由该型号/项目办公室的安全与任务保证经理或负直接责任的安全与任务保证机构提供被选人员，由型号/项目经理和安全与任务保证办公室或负直接责任的安全与任务保证机构共同认定，在型号开始时就基本确定）进行独立的安全与任务保证评审。重大或跨事业办公室的型号项目由安全与任务保证办公室主

持;一般项目由各事业办公室的安全与任务保证经理或各中心的安全与任务保证机构主持;小项目由安全性代表、可靠性代表、质量保证代表主持。

(3) 参加评审的安全与任务保证专家在项目开始时确定,在项目进行过程中得到工作进展通报。评审专家应随时向系统安全性、可靠性、质量保证代表提供技术指导/建议。

1.4.5 事故调查制度

根据需要,安全与任务保证办公室或各中心的安全与任务保证机构可成立或委派事故调查组(如航天飞机事故调查组),并派人协助该调查组的工作。事故调查组负责重大质量、安全事故的调查,提交调查报告,提出改正措施。调查组成员由负责安全与任务保证办公室的副局长,或总部各事业办公室主任,或各中心的安全与任务保证主任聘任。主席由调查组成员选举产生,事故调查费用由 NASA负担。

参加事故调查组(MIB)的成员身份应满足如下要求:

与该事故责任单位无任何利益关系,不受调查结果的任何影响,具有与组织和利害无关的独立性;

与该事故组织无关的 NASA 雇员、其他相关政府部门成员、该项目合同中规定的 NASA 之外的合作机构的代表(如果为合作项目)、非 NASA 的相关问题咨询专家。

由 NASA 总部的安全与任务保证办公室主任批准成立的 NASA事故调查组(并聘任其成员),负责对 NASA 局长指定的或有重大影响的事故(包括重大项目的失败)进行调查,并批准调查报告,负责纠正措施的实施,并使有关文档进入 NASA 的"经验信息系统"(LLIS)。

负责各事业办公室的副局长或各重大型号的主任(或项目经理)、各中心的主任负责管理各自项目的 A 类、B 类、明显的任务失败的事故调查(包括成立调查组),以及改正措施的实施;并将有关情况通报安全与任务保证办公室。

重大事故(A 类和明显的任务失败)必须由 NASA 总部的公共事务办公室向新闻媒体公布。

一般事故由直接责任机构负责调查、改正。

A 类事故:人员死亡,或财产损失大于 100 万美元;

B 类事故:25 万美元以上、100 万美元以下的财产损失,或 1 人永久致残,或 3 人住院超过 30 天;

任务失败:在时间、经费范围内没有达到"任务运行报告"(Mission Operations Report, MOR)中规定的要求。

1.4.6 安全报告制度(NSRS)

NASA 雇员或 NASA 合同单位的雇员一旦发现安全问题,必须实时地报告给项目经理或安全与任务保证职能经理,也可填写标准格式的 NASA 安全问题报告单(在 NASA 各个机构都可拿到,该报告单由 NASA 预先做好封套、预付邮资),报告影响 NASA 项目的人员、任务和作业安全的有关事件(欺骗、浪费、滥用职权应向 NASA 监查员报告),将填好的报告单密封后送达(寄出)至与安全与任务保证办公室的安全与风险管理部有协议合同的独立分析者——研究规划公司(Research Planning, Inc, RPI)。安全报告制度采取一些特殊措施为报告人/单位保密。

研究规划公司将所报告的问题进行归纳整理、归类、编号后,呈送安全与任务保证办公室的安全与风险管理部的安全报告制度的主席,由安全报告制度主席交某个技术咨询小组(Technical Advisory Group, TAG),该小组由 NASA、学术界、工业界的相关技术专家组成,负责组织调查。然后,安全报告制度主席签署一份处理方案交相应部门予以解决。

如果安全报告制度主席和安全与风险管理部主任同意有关部门的纠正措施,该报告归档,则该过程关闭;否则,将提交上一级领导处理。

1.4.7 质量奖

1. 乔治姆罗(George M. Low 奖)

由安全与任务保证办公室根据安全与任务保证办公室工作指南中明确的提名、格式、分类、资格要求、里程碑进度计划、过程参与者、评价准则、打分指南等, 组织 George M. Low 质量奖的评选工作。该奖奖励那些与 NASA 有合同或分合同关系、产品和服务质量卓越的企业,不论企业大小。根据 PV 的独立评价结果,每年发布 George M. Low 质量奖。

2. NASA 质量和安全成就认可奖(QASAR)

NASA 质量和安全成就认可奖(Quality and Safety Achievement Recognition,QASAR)是为 NASA 内部员工、其他政府团体、组织和主承包商或分承包商颁发的。获奖的人员或组织在产品、项目、过程、环境或管理等方面,为改进 NASA 的产品(或服务)的质量或安全做出过突出贡献。NASA 所有的员工和承包商,以及其他政府团体的员工都有资格获得质量和安全成就认可奖的提名。

NASA 质量和安全成就认可奖分为四类:

第一类:NASA 安全与任务保证组织的最重要的质量或安全贡献奖;

第二类:NASA 安全与任务保证组织外部的 NASA 员工的最重要的质量和安全贡献奖;

第三类:政府(非 NASA)人员的最重要的质量和安全贡献奖;

第四类:NASA 的主承包商或分承包商的最重要的质量和安全贡献奖。

107

每年邀请安全与任务保证办公室主任对 NASA 质量和安全成就认可奖进行推荐,再经过安全与任务保证中心和中心指挥办公室的批准。NASA 质量和安全成就认可奖评审委员会是由安全与任务保证中心主任组成,由安全与任务保证中心副主任主持,对参选人员进行评审和打分,选出 NASA 质量和安全成就认可奖的获得者。

安全与任务保证中心主任将对参选者进行评估和打分,NASA 质量和安全成就认可奖评选委员会在每一类奖项中选择一名获奖者。评选委员会成员应规避为自己中心的提名者进行打分。提名者应简要说明个人是如何为机构、任务及协助或承担的总项目和项目做出贡献的,至少要符合以下条件之一:

(1)对 NASA 产品、服务或过程,识别或实施了重大质量或安全改进。

(2)通过 NASA 和/或承包商活动措施小组,制定了质量或安全的持续改进措施。

(3)识别出了质量或安全隐患,提出了纠正措施,排除了灾难或重大系统故障或无效的影响。

(4)通过其他行为提前了质量和安全改进活动。

1.4.8 安全与任务保证新技术、新工具的研究、开发与转化、推广

为适应 NASA 各中心、总装厂的安全与任务保证相关新技术需求,以及国际上安全与任务保证技术的发展,安全与任务保证办公室负责与 NASA 所属机构、大学研究机构、工业研究部门签订安全与任务保证相关新技术开发、方法研究、工具(软件、信息系统、专家系统)开发与转化(研究已有技术在 NASA 所属部门和/或工程项目中的应用可能性和应用程式)技术合同,进行新技术、工具、方法的开发、应用、转化与推广工作。

根据实际需要,安全与任务保证办公室还负责资助某些学术机构和其他研究单位共同成立安全与任务保证相关技术研究、开发中心(或实验室)。如资助西佛吉尼亚大学成立软件研究实验室。

1.4.9　安全与任务保证信息交流

NASA 的各工作组(Working Group)由 NASA 各机构派相关专家代表参加,负责提供本专业的研究项目的建议、标准的制定、参加相关问题的评审、每年组织学术交流会,由安全与任务保证办公室管理和提供活动经费,但其活动办公室一般不设在安全与任务保证办公室,如无损检测工作组、软件工作组等,对受安全与任务保证办公室资助的研究机构要经常以简报(Newsletter)形式报告其工作进展。

NASA 的质量保证代表、可靠性代表、系统安全性代表要向安全与任务保证机构按时(紧急情况随时报告)寄送典型格式的代表信件(Letters of Delegation),报告其安全与任务保证工作。

安全与任务保证人员要收集在其项目中得到的经验教训,按规定的要求形成文档,进入"经验信息交流系统"(LLIS)。该系统的信息积累和发布是基于其在线的数据库。数据库的内容是由 NASA 内部和 NASA 之外的组织机构提供,有关 NASA 工程项目的经验教训,由各机构提交经批准后即进入数据库,通过 NASA 工程网(NEN)共享。批准后的经验教训输入系统并加入索引,通过简单的或复杂的检索便可快速提取所需经验教训。与此同时,利用推送技术,存储剖面自动地向事先注册的用户发电子邮件,通知他们感兴趣的新经验教训信息。

经验信息交流系统数据库中所有的经验教训都经过专家评审,这些内容反过来提供给 NASA,通过培训、最佳实践、方针和程序等手段,持续地提高产品的质量。

109

1.5 NASA 安全与任务保证标准文件

1.5.1 NASA 技术标准系列

NASA 技术标准由 10 类标准组成,这 10 类标准和系列编号如下:

0000 系列　文档和配置管理、项目管理

1000 系列　系统工程和综合

2000 系列　计算机接口、软件、数据系统

3000 系列　人因工程

4000 系列　电气系统、电子和电子设备

5000 系列　结构/机械、流体、热和推进

6000 系列　零件、材料和工艺

7000 系列　试验、分析、模型和评价

8000 系列　安全、质量、可靠性和维修性

9000 系列　运行、指令、控制和遥测

1.5.2 NASA 安全与任务保证标准框架

NASA 安全与任务保证活动涉及内容广泛,已形成一个文件化的管理体系。特别是自 1999 年 NASA 总部通过 ISO 9001 质量管理体系认证之后,对有关安全性、可靠性、维修性和质量保证方面的文件进行了系统整理,并不断修改以及补充新的文件,使得文件体系更加系统和全面。这些文件主要包括 NASA 政策指令(NPD)、程序要求(NPR)、技术标准(STD)、手册(HDBK)、各中心标准等。

2016 年 1 月 17 日,NASA 公布了其新的安全与任务保证文件体系,其结构示意图如图 2-1-2 所示。

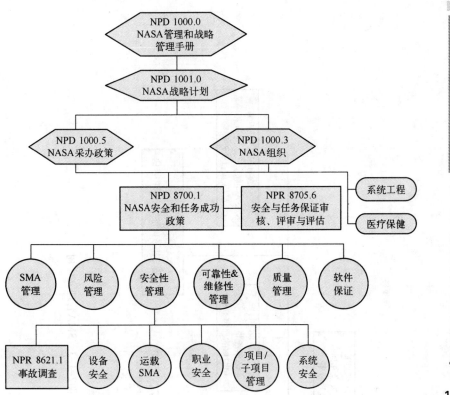

图 2-1-2　NASA 安全与任务保证文件树

　　NASA 安全与任务保证文件包括两类,一类是由 OSMA 制定的,如图 2-1-2 中方框图所示;另一类是非 OSMA 制定的,如图 2-1-2 中六边形所示。

　　NASA 安全与任务保证文件树包括 SMA 管理、风险管理、安全性管理、可靠性 & 维修性(R&M)管理、质量管理、软件保证 6 个分支,各分支结构示意图分别见图 2-1-3 至图 2-1-8。

　　图 2-1-3 中的安全性管理是从原来的安全与健康分支中分离出来的,其下又分为地面设备安全性、发射安全与任务保证、职业安全、项目/子项目管理、系统安全性等分支,其结构示意图分别见图 2-1-9 至图 2-1-13。

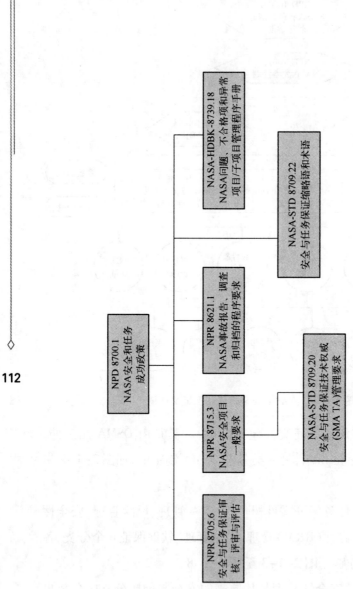

图2-1-3　SMA管理文件树

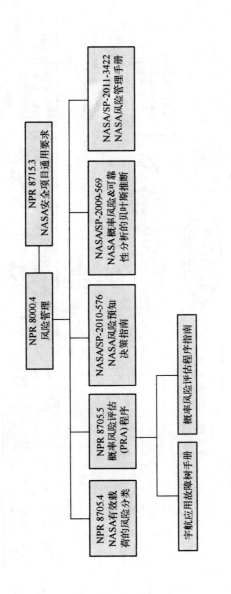

图2-1-4　风险管理文件树

114

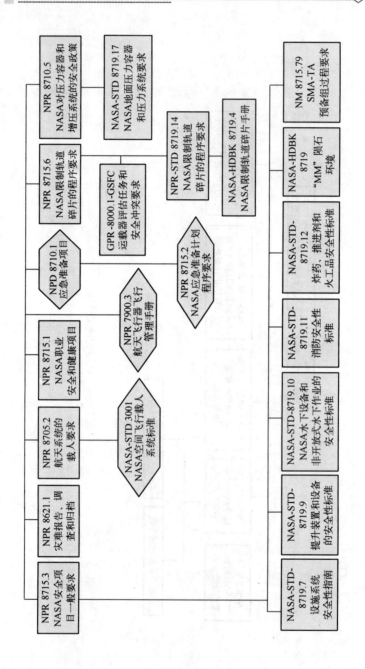

图2-1-5 安全性管理文件树

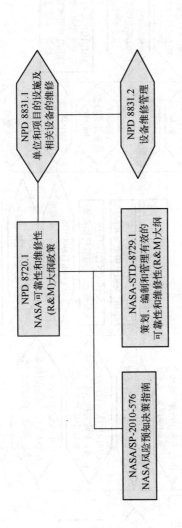

图2-1-6 R&M管理文件树

115

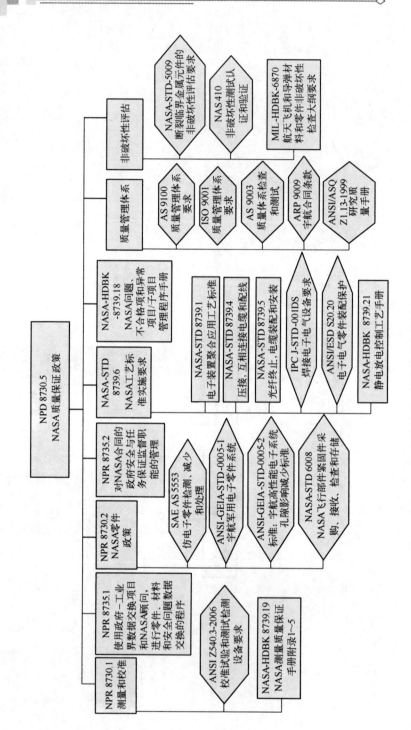

图2-1-7 质量管理文件树

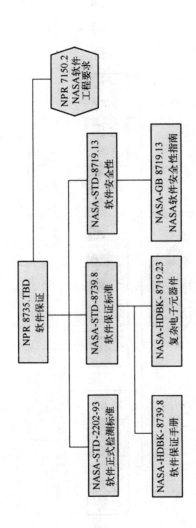

图2-1-8　软件保证文件树

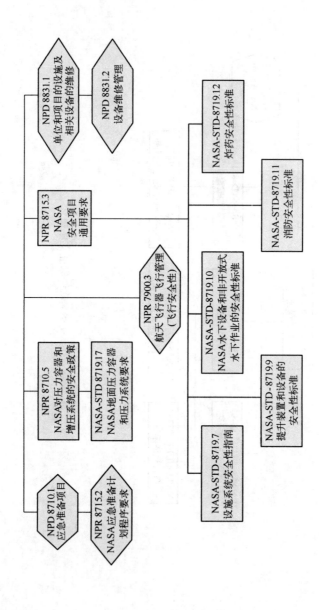

图2-1-9 地面设备安全性文件

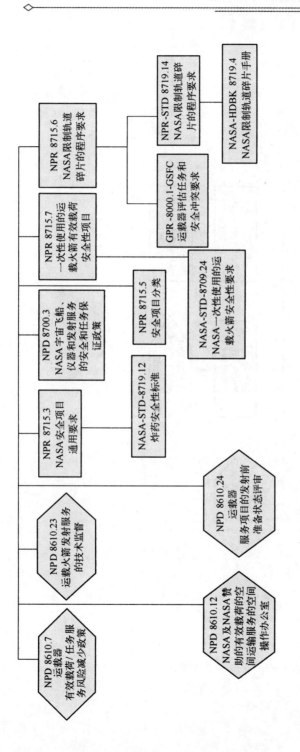

图2-1-10　运载安全与任务保证文件

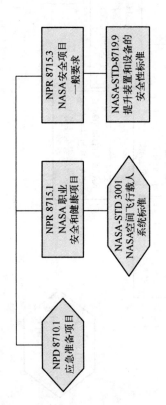

图2-1-11 职业安全文件

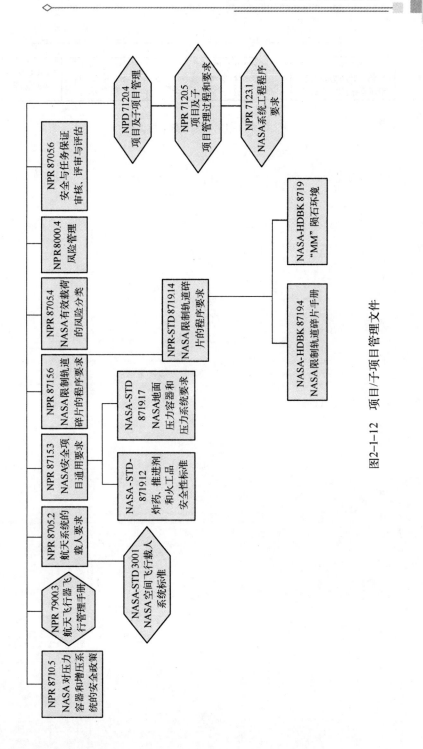

图2-1-12　项目/子项目管理文件

121

图 2-1-13　系统安全性文件

第 2 章

产品保证与安全性

2.1　ESA 组织机构

　　欧洲空间局(European Space Agency,ESA)是一个欧洲数国政府间、公司性质的空间探测和开发组织,总部设在法国首都巴黎。目前共有 22 个成员国:法国、德国、英国、意大利、荷兰、爱尔兰、希腊、奥地利、比利时、丹麦、芬兰、卢森堡、挪威、葡萄牙、西班牙、瑞典、瑞士、捷克、罗马尼亚、波兰、爱沙尼亚和匈牙利。ESA 的组成机构包括设在法国巴黎的总部和分布于其他主要国的空间研究中心、空间运行中心、地球观测中心、天文学中心、航天员中心,另设有驻莫斯科办公室、华盛顿办公室和位于法属奎亚那地的发射中心。ESA 的总部机构如图 2-2-1 所示。

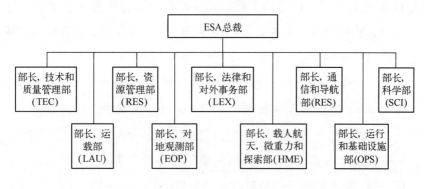

图 2-2-1　ESA 组织机构

　　ESA 的各部门分布于不同的地点,其机构设置为图 2-2-2。其中:

　　(1) ESA 总部位于法国巴黎。ESA 总裁和主要项目负责人制定 ESA 现在和将来的活动,包含人力资源、法律事务、财务预算、内部审核、战略、国际关系和通信。每个 ESA 中心有人力资源、财务和通信部门,具体情报上报 ESA 总部。

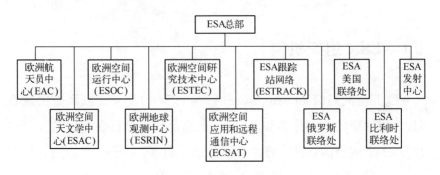

图 2-2-2 ESA 管理机构

（2）欧洲航天员中心（EAC），建立于 1990 年，位于德国科隆（Cologne），负责宇航员的选拔、培训、医疗保证和监督。

（3）欧洲空间天文学中心（ESAC）是 ESA 空间科学中心，建立于 2004 年，位于西班牙马德里（Madrid），主要负责太阳系探索，也是所有 ESA 天文和行星任务科学档案相关的科学运行中心。

（4）欧洲空间运行中心（ESOC），建立于 1967 年，位于德国达姆施塔特（Darmstadt），主要负责欧洲空间研究组织的卫星控制。

（5）欧洲地球观测中心（ESRIN），建立于 1966 年，位于意大利罗马以南 20km 外的城镇弗拉斯卡蒂（Frascati），主要负责对地观测。

（6）欧洲空间研究技术中心（ESTEC）是 ESA 的最大技术中心，位于荷兰诺德韦克（Noordwijk），主要负责科学任务、载人航天、通信、卫星导航、地球观测等以及新技术的开发，及其 ESA 空间项目的技术储备和管理，对在研卫星空间探索和载人空间活动提供技术支持。

（7）欧洲空间应用和远程通信中心（ECSAT），建立于 2009 年，位于应用牛津郡哈维尔校园，是 ESA 最新的机构，负责空间应用和远程通信。

（8）ESA 跟踪站网络（ESTRACK），建立提供在轨卫星和欧洲空间运行中心的地面站联系。

（9）ESA 俄罗斯联络处，建立于 1995 年，主要负责外交事务，包括跟踪目前合作项目的进度,评估新项目的潜在风险,收集和分析俄罗斯计划和活动,通过新闻报告的形式传递 ESA 和俄罗斯之间的信息。

（10）ESA 美国联络处,建立于 20 世纪 70 年代,负责与美国和加拿大联系的机构,初期用于保障空间实验室的商务谈判,后作为对外联络办公室。

（11）ESA 比利时联络处,建立于 1968 年,作为 ESA 地面站网络的一部分,负责控制和测试卫星。

（12）ESA 发射中心,建立于 1964 年,位于法属的奎亚那,主要负责科学卫星、应用卫星和探空火箭的发射以及与此有关的一些运载火箭的试验和发射。

2.2　ESA 产品保证和安全性组织机构及职责

ESA 产品保证和安全性部（TEC‐Q）技术范围包括以下领域:质量、可信性和安全性,元器件,材料和工艺,要求和标准,项目产品保证,组织结构见图 1‐7‐1,职责见 7.1 节。产品保证和安全性部下设要求和标准处,质量、可信性、安全性处,元器件处,材料和工艺处（图 2‐2‐3）。

产品保证和安全性部专业固定员工共约 100 多人,涉及产品保证（PA）、安全性和质量管理等专业范围,其中多数员工常驻技术和质量管理部的产品保证和安全性部总部,部分员工派驻各项目管理办公室的产品保证和安全性部,另派出几名员工作为 ISO 9001 注册质量经理,上述人员均独立行使职能,对产品保证和安全性部负责。

产品保证和安全性部部长在技术和质量管理部部长授权下工作,在出现重大技术问题或矛盾时,可直接向 ESA 总裁报告。ESA 总检查官（Inspector General, IG）的职能已转至技术和质量管理部,负责重大的欧空局级的评审。总检查官与产品保证和安全性部均有权对故障进行审查和组织非正常状况的评审。

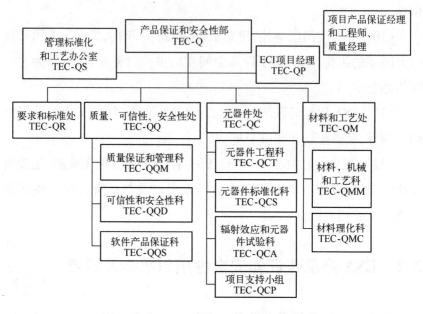

图 2-2-3 ESA 产品保证和安全性部组织机构

产品保证和安全性部部长在所有重大计划和项目评审中以评审组成员身份参加,如自动转移飞行器(ATV)验证评审,织女星(Vega)运载器系统设计评审,国际空间站哥伦布舱(Columbus)飞行放行评审等,评审组产品保证和安全性方面的专家来自项目产品保证和安全性部门及产品保证和安全性部,目前欧空局级的评审大约每年 40～45 次。

2.2.1 质量、可信性、安全性处的职责

质量、可信性、安全性处负责 ESA 项目和活动的成功执行,在 ESA 内部建立质量管理体系,负责收集和分享知识。

质量保证、安全性和可信性工程师为获取安全、可靠的系统设

计、制造、操作和处置,主要关注方法、技术和过程的发展和实施。

质量、可信性、安全性处的职责是:

(1)履行传统的可靠性、可用性、维修性和安全性(RAMS)管理。

(2)开展软件开发过程评估以及软件产品的评估与鉴定。

(3)开发和维护产品保证数据库,并报警和通报内部问题。

(4)管理 ESA 级的不合格报告和处理情况。

(5)审定 ESA 工业供应商的技术资格。

(6)协调技术风险的监测和控制过程,维护技术风险数据库。

(7)组织单机级产品的验证评审,维护数据库。

ESA 质量、可信性、安全性处下设质量保证和管理科、可信性和安全性科、软件产品保证科。

1. 质量保证和管理科的职责

(1)给项目产品保证经理提供直接支持,包括必要时执行产品保证经理的职责。

(2)参与项目评审和给失败调查提供直接支持。

(3)通过收集、分析和传递相关质量信息给 ESA 职员和供应商提供间接支持。

提供的相关服务包括:

(1)ESA 报警系统。

(2)欧洲合作实验中心的认证。

(3)实验室设备(内部)的质量管理。

(4)审核信息服务(内部)。

2. 可信性和安全性科的职责

(1)评估系统概念、设计、运行是否符合可信性和安全性要求,评估系统的稳定性和调查系统的不足。

(2)可信性和安全性分析的评价,技术风险评估和风险减少过程。

（3）可信性和与安全性相关的接受要求实施的界定和控制，包括风险接受准则。

（4）参与项目评审，评定不合适要求和编制接受/拒绝建议书。

（5）参与飞行安全性评审，支持安全性评审委员会的安全性数据包的编制和相关安全性认证机构的分委员的危害报告的评审。

该科还负责指导空间活动的可信性和安全性要求、技术、方法、工具和培训。另外，该科应用方法和工具支持危害性分析、故障模式影响危害性分析（FMECA）与基于其结论衍生的风险评估和风险减少。

3. 软件产品保证科的职责

（1）软件评估和改进按照软件能力成熟度模型集成（CMMI）和ISO 15504《软件过程评估》进行。

（2）软件产品评估和认证（SPEC），根据对产品特性的客观测量的质量模型来评估软件产品。

（3）软件可信性评估，在软件系统和个别软件产品中应用可靠性、可用性、维修性和安全性方法和技术。

软件产品保证科是在"阿里安"5号运载火箭因软件故障失败后而组建的。该科提供ESA项目和小组软件保证方面的专家支持，实施软件保证方面的改进方法、工具和技术的研究和开发，用来提供内外部服务。

2.2.2 要求和标准处的职责

要求和标准处承担着欧洲航天标准化合作组织中心秘书的职责，包括：

（1）新标准草案阶段一系列评审过程的技术支持。

（2）管理支持不同团体（工作组、主管和指导委员会）之间的信息交流，在标准编辑过程和送审稿作为草案标准供ECSS成员投票和

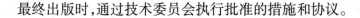

最终出版时,通过技术委员会执行批准的措施和协议。

2.2.3 元器件处的职责

元器件处的业务范围包括电气、电子和机电元器件,该处的职责有:

(1)负责批准所有 EEE 元器件清单以及 ESA 计划/项目有关特定元器件选用事宜。

(2)负责制定欧洲元器件路线图,并通过欧洲空间元器件协调组(ESCC)制定合格器件名录和优先选用元器件名录以及元器件规格。

(3)2006/2007 路线图包括深亚微米技术,氮化镓(Gallium Nitride)技术,新一代处理器,FPGA/ASIC 产品和微 – 纳米器件技术。

(4)负责 ESA 和欧洲宇航计划的故障调查、元器件评估和元器件定制业务。

(5)根据需要对元器件进行评价,以评估其在 ESA 项目上的适用性,包括空间辐射的影响。

(6)负责 ESCC 的秘书工作。

2.2.4 材料和工艺处的职责

材料和工艺处的职责是支持所有 ESA 项目,包括宇宙飞船硬件的设计、制造等阶段,相关的材料和工艺(M&P)的专业技术。该处包括有机和金属材料两个部门。职责如下:

(1)负责建立和实施材料和工艺过程的要求和标准。

(2)材料的空间适用性评估,包括抗辐照性、污染、材料析出气体特性(outgassing, offgassing)、可燃性、毒性等。

(3)批准材料和工艺清单,以及 ESA 项目所要求的特殊应用场合的使用需求。

(4)培训、鉴定、过程的认证、组织、人员(例如焊接人员等)。

131

（5）材料和工艺过程的试验和评估方法、分析技术开发。

2.3　ESA 的主要产品保证工作

2.3.1　产品保证管理

1. 系统实施产品保证策划

每一个可见产品(项目)都要进行系统的产品保证策划。策划的结果是形成该项目的产品保证系列大纲和适用于该项目的产品保证工作表单,列出适用的产品保证工作项目、时机和要求,有关的工作计划纳入项目管理的工作分解结构中。

2. 建立项目产品保证工作系统

项目经理是该项目产品保证工作的总负责,产品保证经理是具体的策划和组织者,由组织的产品保证和安全性部派出到项目办,同时对产品保证和安全性部经理和项目经理负责,又接受用户产品保证代表(一般是用户项目产品保证经理或监制人员)的监督,组织质量保证、设计等方面的主管开展项目的产品保证工作,同时对下级配套产品的产品保证经理起监督和控制作用。一个空间产品各层次的产品保证工作团队共同组成该项目的产品保证工作系统。

欧空局各级组织的产品保证人员都要兼具研制、生产经验和管理知识,特别是产品保证经理,更是具有丰富的技术阅历和管理经验的专家,善于把握原则和灵活的平衡,常常是项目团队和用户之间沟通的关键人物。同时,项目产品保证经理又有独立地向产品保证和安全性部以致最高管理层报告的权力。这种机制保证了产品保证经理能够充分地履行其独立监督的职责。

3. 逐级传递产品保证要求

在 ECSS – S – ST – 00C 标准中要求,所有的合同都要包含适当的产品保证条款,在合同的拟制和谈判过程中,要涉及到产品保证的要求,确保相关方对于这些条款的共同理解。在产品的各个层次上,用户提出产品保证要求,承制方制定产品保证大纲,向用户承诺以产品保证的方式进行管理。这种要求和承诺的关系被传递到产品链的最底层。整个项目的管理模式是一致的,执行的技术标准也是一致的,为最终产品全面满足最终用户的要求提供了充分的保证。

4. 建立一系列过程控制措施

采用一系列过程控制措施,着重强调两点:一是设置一系列质量控制点。欧空局的产品保证要求为一个项目设置了一系列固定的质量控制点和灵活的专项控制点,通过评审来评价阶段任务的完成情况。一个典型项目的寿命周期,固定的质量控制点有初步要求评审、验收评审、使用准备评审、飞行准备评审、发射准备评审等九种。专项评审有元器件、原材料、工艺、不合格品评审等。二是建立一系列技术委员会,实施技术评审,包括:审查元器件选用的元器件控制委员会(PCB),审查技术状态控制的更改控制委员会(CCB),审查试验准备状态的试验评审委员会(TRB),审查零件、材料和工艺的材料和工艺控制委员会(MPCB),评价和处置不合格品报告的器材评审委员会(MRB),等等。专项委员会由相关技术专家组成,负责对于产品链上每一个环节的选用、更改和让步飞行做出评价,给出审查意见,对于技术风险进行评估,供产品保证经理和项目经理参考。

5. 实施开放性设计和透明化管理

各层次产品的设计对于用户都是开放的,包括元器件、材料、零件、工艺的选用都要经过用户的技术委员会的审查;各层次产品的研制过程管理都是透明的,承制方要根据要求向用户提交产品保证进展报告,随时接受用户的监督和审核,"用户介入权"还允许用户产品保证代表随时审查项目技术和管理文件,查看正在运行中的设施,以致核查项目团队人员的技术资质,这种权力还可以延伸到承制方的下级供方。

6. 建立独立的报告机制

正是因为项目产品保证经理是由企业的产品保证和安全性部派进项目团队内的,所以产品保证经理可以就项目执行的本组织的规章、规范、标准和产品保证大纲的情况独立地向部门以致最高管理层报告。这种机制保证了产品保证管理在项目内的权威和执行力,在与产品保证经理意见不一致时,项目团队或经理做出决策时都会非常慎重,因为违反规章和规范的行为最终还会受到职能部门乃致最高管理层的干预。

2.3.2 安全性工作

ESA产品保证为项目/计划经理提供集成化支持。在卫星项目中,产品保证和安全性部部长也负责相关安全性授权和设备的安全性认证(例如发射安全性放行、AIT安全性放行)。

在载人空间计划中产品保证和安全性功能是分开的,载人计划的安全性工程要求与安全性专业机构和国际合作伙伴的更专业的合作,例如国际空间站和自动转移飞行器(ATV)。

ESA载人安全性功能集中在载人飞行委员会(Directorate for Human Space Flight,D/HME)。最近,载人空间运行计划转到运行委员会(Directorate of Operations,D/OPS)负责哥伦布舱(Columbus)和自动转移飞行器(ATV)的发射和运行,考虑在产品保证和安全性部设立独立飞行安全性办公室(Independent Flight Safety Office,IFSO),以加强安全性认证功能的独立实施。其中独立飞行安全办公室的职责如下:

(1)指导载人空间飞行计划安全性方面ESA政策、要求和标准的制定和实施。

（2）与国际同行合作，定义和维护多边安全性政策、需求和步骤。

（3）在多边载人飞行安全性委员会或评审组中代表 ESA。

（4）进行安全性核查，指导飞行过程的异常处理。

（5）为 ESA 项目和承包商提供安全性工程方面的技术支持。

（6）建立和维护 ESA 安全性经验教训数据库。

（7）为 ESA 和承包商组织安全性培训。

ESA 有效载荷安全性评审组（ESA - PSRP）成立于 2002 年，由 NASA/ESA 合作建设，负责对 ESA 研制或资助研制、使用美国航天飞机或欧洲 ATV 运往国际空间站的有效载荷进行安全性认证，运抵国际空间站后将安装在欧洲或美国负责的舱段。有效载荷安全性评审组是一个多学科团队，包括来自工程、运行、航天员中心和 ESA 医学中心的专家。NASA 专家为其提供有毒气体病理学、生物学危险源、放射性材料等方面的支持。有效载荷安全性评审组负责非试验舱内物品的安全性认证，包括系统备件、航天员个人物品、消耗品等。有效载荷安全性评审组接受 NASA 的年度核查。目前，有效载荷安全性评审组安全性认证的范围扩展到覆盖安装到俄罗斯段的物品或由俄罗斯飞船运输的物品。

2.3.3 质量保证

1. 质量专业人员参与项目并有效发挥作用

质量专业人员包括综合质量人员、项目中的产品保证人员。其中，综合质量人员应支持不同类型的空间项目，在项目评审中独立行使职能，参与研发和开发标准；项目中的产品保证人员要参与项目集成，直接见证项目中的问题，应用相关标准，关键是要支持项目人员所需要的专业知识和实践经验，能够处理报警、内部问题通报、标准化反馈信息、项目评审等问题。

2. ESA 项目不合格报告(NCR)的通用工具

ESA 支持的不合格追踪系统(NCR Tracking System, NCTS)是欧空局级的工具。ESA 产品保证和安全性部推广应用于所有 ESA 计划、工业部门、第三方设备提供商,不合格追踪系统在 ESA 项目免费使用并强制执行,为所有计划/项目提供通用数据来源,使不合格报告的数据文件可通过网上读取和写入,不合格追踪系统(NCTS)技术状态受控,因此所有用户保持版本一致。

3. 在轨异常数据的交换

欧洲空间运行中心负责维护在轨异常跟踪系统(In – Orbit Anomaly Tracking System),在线的质量经理报告产品保证和安全性部。该部支持项目工程师和项目最高技术官员对于在轨异常的内部分析和经验积累,与法国宇航局(French National Space Agency, CNES)交换在轨项目信息,与其他欧洲第三方讨论,与项目之外或其他单位间的信息交流需要对项目本身使用的术语/缩略语进行"翻译"。对于通用设备,ESA 负责建立跨项目的数据库,以支持其他项目的选用和知识交流。

2.3.4 EEE 和元器件保证工作

欧洲空间元器件协调委员会(ESCC)于 2002 年 10 月在 ESA 总部成立。ESA 和法国、意大利、英国等国家空间机构,以及欧洲空间元器件的用户代表与空间元器件制造厂的代表,共同签署了一个《成立欧洲空间元器件协调机构》(Founding Act of the European Space Components Coordination)的协议。该协议倡议建立一个永久性机构,即欧洲空间元器件协调委员会,负责欧空局空间元器件规范的协调和任务的制定。欧洲空间元器件协调委员会总体负责欧洲空间用元器件战略及相关技术,其成员单位包括欧洲元器件生产商、工业界用户和欧洲各国航天局,主要目标是提高欧洲获得具有战略重要性的 EEE 空间元器件的能力,与所有非欧洲国家的航天局开放合作,目前印度空间研究组织(ISRO)和日本宇宙航空研究开发机构(JAXA)以观察员身份参加。产品保证和安全性部传统上主持空间元器件指导组(SCSB),负责批准新品元器件的技术路线图和优先开发计划。元器件处是欧洲空间元器件协调委员会的秘书单位。

欧洲空间元器件协调委员会在 EEE 元器件保证方面的目标包括:

(1)提高战略性 EEE 空间元器件的可获得性。

(2)在用户、制造商和欧洲国家以及国际公共空间组织中,开发并实施关于空间元器件的协作研究开发项目,以保证与其他市场区域和元器件成本相一致。

(3)建立一个以参与组织自愿提供元器件数据和门户间访问为基础的信息交换系统。

(4)建立欧洲空间元器件可靠性系统。

(5)在欧洲首选零部件目录的使用基础上,优先考虑能够提供具有竞争性成本和性能的欧洲元器件,实现空间应用元器件多样性的合理化系统。

(6)促使包括元器件工程、辐射强度保证、审核和检查(适当时可进行正式认证)在内的各种元器件学科中工业界业绩之间的相互承认,并通过提供相关的和正式的培训机会来进一步促进彼此之间的承认。

(7)为了得到国际承认、提高工业效率和提高相关产品在世界市场上的竞争力,提高欧洲元器件的规范和标准水平。

(8)为了满足用户的需求以及能够与市场发展趋势保持一致,维持和提高包括相关评价和资格鉴定程序、技术和质量规定在内的元器件标准和规范的通用性和一致性。

欧洲空间元器件协调委员会的方针：

（1）充分利用可获得的资源和会员所拥有的专家。

（2）鼓励会员之间的相互承认。

（3）通过满足空间组织的需求，技术发展水平和产品多样性的合理化，提高工业界的效率和竞争力。

（4）从空间项目、研究开发项目、其他 EEE 元器件系统的发展和相关资源中系统地吸收经验，进一步优化 EEE 产品的性能、质量和成本。

（5）提高欧洲空间元器件协调委员会及其成果在国际和世界市场上的影响力。

2.3.5　技术风险管理

ECSS 为推动风险管理，2000 年发布了 ECSS－M－00－03A《风险管理》标准。2001 年，ESA 把风险管理作为一项要求全面引入，在 ESA 项目中按照 ECSS－M－ST－80《风险管理》和 ISO 17666：2003《航天系统 风险管理》开展风险管理，其风险管理方法与 NASA 类似。

产品保证和安全性部负责技术风险管理，在 ESA 内部综合产品保证经理（The Integrated PA Manager）有责任在风险管理方面支持计划或项目经理。另外，产品保证和安全性部内部新设置了风险管理工程师职位。风险管理的任务通常包括建立项目风险管理计划（Project Risk Management Plan）、建立和维护风险登记数据库（Risk Register Database）、定位风险所有者、监控风险降低措施的执行等。

ESA 为推动风险管理制定了一系列具体举措。

1. 制定并不断修订风险管理政策

ESA 风险管理政策明确了顾客对待风险所应持的态度，即什么样的风险可以接受，处理风险的方法等。ESA 顶层致力于采用多种方式推动风险管理政策的实施。ESA 的产品保证和安全性部积极支持在 ESA 和 ESA 空间项目上引入和实施风险管理。

2. 开发了并行设计工具

ESA 的并行设计工具(Concurrent Design Facility, CDF),通过联网电脑、多媒体设备和软件工具,允许一个团队多学科专家采用并行的方式进行空间任务设计。并行设计工具便于所有学科快速有效的交互——包括风险管理。并行设计工具引入风险并把风险作为一项项目资源系统的对待。目前,风险管理已应用于所有的并行设计工具项目。

3. 开发了风险管理培训课程

ESA 产品保证和安全性部为推动风险管理并形成风险管理文化,制定了风险管理推动策略,确定了培训需求,开发了交互式风险管理培训课程(ITRAM),用于支持 ECSS 风险管理过程的应用,并支持风险管理手册和程序指南的使用,便于使用者在 ESA 产品保证和安全性部的风险管理网页上学习。

4. 支持风险管理方面的标准的制定

ESA 产品保证和安全性部积极推动国际空间项目风险管理方面标准的制定。在 ECSS 的框架下,制定了 ECSS - M - 00 - 03《风险管理》标准,该标准具体规定了欧洲空间项目风险管理过程,并已发展成 ISO17666《航天系统 风险管理》标准;2005 年 3 月新发布了标准 ECSS - Q - 20 - 04《关键项目控制》;2008 年 7 月发布了 ECSS - M - ST - 80C《风险管理》新标准。

2.3.6　质量管理体系

产品保证和安全性部负责 ESA 对已通过认证的质量管理体系的正常运行。质量经理为各项目办公室提供综合支持,向产品保证和安全性部报告 ESA 质量管理体系运行情况,产品保证和安全性部准备 ISO 9001 认证计划并通过 ESA 提出认证建议。管理标准化和过程办公室(Management Standardisation and Processes Office,TEC-QX)负责准备和推广统一的管理过程,负责综合 ESA 管理手册,包括管理步骤、过程和实践。

2.3.7　设备认证

在 ESA 范围需引入设备验证状态评审(EQSR),对此,产品保证和安全性部启动规范化过程,并建立设备验证状态数据库,允许公开发行设备验证状态数据库,采用类似于选用器件名录或采用工艺过程目录的方式。该数据库可作为已验证过的合格设备用于特殊项目环境需求的适应性。欧洲卫星运营商已提出类似的设备认证需求,以保证运营可靠性和运营业务性能。

2.4　ECSS 标准体系及产品保证分支结构

2.4.1　ECSS 产品保证标准体系

ECSS 是欧洲航天标准化合作组织,为 ESA 及成员国工业界提供标准开发和维护服务。ECSS 标准体系于 1995 年创建,是在原 ESA PSS 标准体系的基础上,结合法国航天局等各国航天机构,以及德国宇航公司(DASA)等航天公司的标准形成。该标准体系目前约 160 份各类标准,其范围覆盖管理、工程和产品保证三大领域。ECSS 标准体系结构见图 2-2-4。

ECSS - Q 空间产品保证标准规定了空间项目产品保证活动的管理和实施方面的要求,主要包括产品保证管理,质量保证,可信性,安全性,EEE 元器件,零件、材料和工艺,软件产品保证 7 个专业领域。

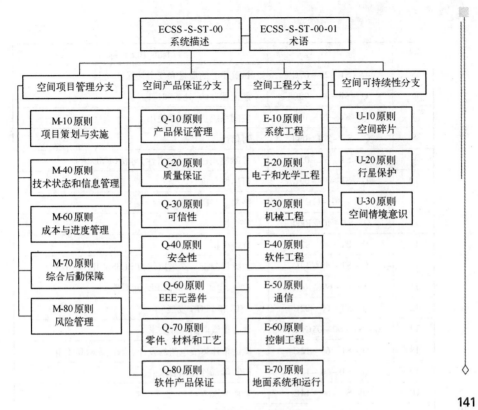

图 2-2-4　ECSS 标准体系结构

2.4.2　ECSS 最新标准目录中的产品保证标准

2015 年 7 月 14 日发布的最新 ECSS 标准目录,其中产品保证标准详见表 2-2-1。

表 2-2-1　ECSS 产品保证标准

序号	标 准 代 号	标准中文名称
1	Q－ST－10C Rev1	产品保证管理
2	Q－ST－10－04C	关键项目控制
3	Q－ST－10－09C	不合格控制系统
4	Q－ST－20C Rev2	质量保证

（续）

序号	标 准 代 号	标准中文名称
5	Q－ST－20－07C	试验中心的质量和安全性保证
6	Q－ST－20－08C	航天器存储、处置和运输
7	Q－ST－20－10C	空间系统货架物品使用
8	Q－ST－30C Rev1	可信性
9	Q－ST－30－02C	故障模式、影响（危害性）分析（FMECA）
10	Q－ST－30－09C	可用性分析
11	Q－ST－30－11C Rev1	降额——EEE 零件
12	Q－ST－40C Rev1	安全性
13	Q－ST－40－02C	危险分析
14	Q－ST－40－12C	故障树分析——采用注释 ECSS／IEC 61025
15	Q－ST－60C Rev2	电气、电子和机电（EEE）元器件
16	Q－ST－60－02C	ASIC 和 FPGA 发展
17	Q－ST－60－05C Rev1	混合型微电路一般要求
18	Q－ST－60－12C	微波单片集成电路的设计、选择、采购和使用
19	Q－ST－60－13C	EEE 零部件使用要求
20	Q－ST－60－14C	替换要求
21	Q－ST－60－15C	抗辐射保证
22	Q－ST－70C	材料、机械零件和工艺
23	Q－ST－70－01C	洁净度和污染控制
24	Q－ST－70－02C	空间材料热真空除气筛选试验
25	Q－ST－70－03C	用无机染料涂覆金属的黑色阳极电镀
26	Q－ST－70－04C	空间材料和工艺的热循环筛选试验
27	Q－ST－70－05C	用红外线光谱分析探测表面有机污染
28	Q－ST－70－06C	空间材料微粒和 UV 射线试验
29	Q－ST－70－08C	高可靠性电连接的手工焊接
30	Q－ST－70－09C	热控材料的热谱特性测量
31	Q－ST－70－10C	印制电路板质量认证
32	Q－ST－70－11C	印制电路板的采购
33	Q－ST－70－12C	PCB 的设计准则
34	Q－ST－70－13C	用压敏胶带测量和终饰层的剥离强度和拉脱强度

142

（续）

序号	标准代号	标准中文名称
35	Q – ST – 70 – 14C	腐蚀
36	Q – ST – 70 – 15C	非破坏性测试或非破坏性检查
37	Q – ST – 70 – 16C	宇宙飞船和运载器应用的附着粘合
38	Q – ST – 70 – 18C	射频同轴电缆的制备、装配和安装
39	Q – ST – 70 – 20C	镀银铜质导线和电缆红斑腐蚀敏感性的测定
40	Q – ST – 70 – 21C	空间材料可燃性筛选试验
41	Q – ST – 70 – 22C	有限储存寿命材料的控制
42	Q – ST – 70 – 26C	高可靠性电连接中的压接
43	Q – ST – 70 – 28C	空间使用印制电路板组件的维修和变更
44	Q – ST – 70 – 29C	用于载人航天器舱内材料和部件除气产品的确定
45	Q – ST – 70 – 30C	高可靠电连接器的导线绕接
46	Q – ST – 70 – 31C	空间硬件涂层应用
47	Q – ST – 70 – 36C	抑制应力腐蚀开裂的材料选择
48	Q – ST – 70 – 37C	金属应力腐蚀开裂敏感性的测定
49	Q – ST – 70 – 38C	表面装配高可靠性焊接
50	Q – ST – 70 – 39C	飞行硬件金属材料焊接
51	Q – ST – 70 – 45C	金属材料机械试验的标准方法
52	Q – ST – 70 – 46C Rev1	制造和采购螺纹紧固件的要求
53	Q – ST – 70 – 53C	空间硬件消毒方法和微生物测试
54	Q – ST – 70 – 54C	飞行硬件超洁净
55	Q – ST – 70 – 55C	飞行硬件和洁净室微生物测试
56	Q – ST – 70 – 56C	飞行硬件气相过氧化氢生物负荷减少
57	Q – ST – 70 – 57C	飞行硬件干热生物负荷减少
58	Q – ST – 70 – 58C	洁净室生物负荷控制
59	Q – ST – 80C	软件产品保证

143

第 3 章

供应商质量管理

3.1　波音公司供应商质量管理

美国波音公司不仅是世界上最大的民用和军用飞机制造商,主营业务还包括设计并制造电子和防御系统、导弹、卫星、发射装置以及先进的信息和通信系统,也是美国国家航空航天局的主要服务提供商,运营着航天飞机和国际空间站。波音公司还提供众多军用和民用航线支持服务。波音公司下设波音民用飞机公司和波音综合防御系统公司。支持这两大业务部分的有:提供全球融资服务的波音金融公司,为全球的波音机构提供各种服务的共用服务集团,以及开发、收购、应用及保护创新性技术和流程的波音工程、运营和技术部。波音公司的整体组织框架如图 2-3-1 所示。

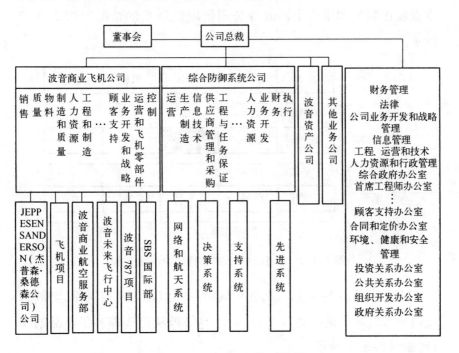

图 2-3-1　波音公司组织结构图

波音公司供应商遍布世界各地,将不同的供应商组成供应商网络。为有效控制外协产品的质量,波音不仅在其公司内部实行"先进质量体系",还将波音内部的一些标准扩展到供应商。通过这些标准,波音公司向各供应商均传达了规范、统一的要求。另外,波音公司为供应商提供了相应的质量管理工具(如先进质量体系工具手册、关键特性波动管理评估工具),并建立了供应商绩效测量体系以及监督过程,对供应商进行系统管理。

3.1.1 波音公司对供应商管理形式的变化

2001 年以后,波音公司将竞争力重点放在装配、系统组合和系统测试,波音公司主要进行装配和装运,供应链的前端活动都由供应商来完成。从 2004 年至今,波音公司进一步优化了其供应链,将重点放在装配和组合上。波音公司供应链演变的情况如图 2-3-2 所示。

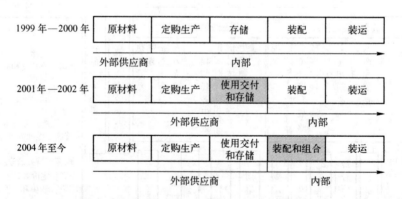

图 2-3-2 波音公司对供应商管理的演变过程

波音公司还将一级、二级和三级供应商组成供应商网络,将波音公司内部的要求进行逐级扩展,从而更好地从源头控制了产品的质量,如图 2-3-3 所示。

在 2004 年之前,波音公司的一级供应商主要生产分系统的零部件和组装件,承担的风险较小,参与设计和研发过程较少。目前,波音公司的一级供应商承担的责任越来越多,主要包括:项目管理服务、指导综合产品工程和开发、参与开发产品寿命周期、参与商业管理活动、提出财务管理解决方案以及与波音公司建立合作的组织结构。另外二级和三级供应商也逐步发生了转变,更注重与其下一级供应商的合作并实现卓越的制造。

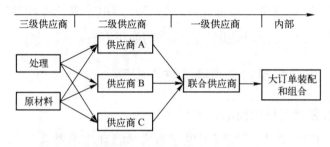

图 2-3-3　供应商网络关系图

3.1.2　波音公司对供应商的准入评定

波音公司为了实施对供应商的管理,将其质量管理体系的要求贯彻到供应商,制定了一系列以《波音对供应商质量管理体系要求》为核心的对供应商的标准。《波音对供应商质量管理体系要求》标准规定了供应商质量管理体系建设的总要求,要求其供应商执行 AS 9100《质量管理体系 航天航空和国防组织要求》标准,或供应商的检验和试验质量体系要符合 SAE AS 9003《供应商航空航天质量要求》对质量体系的要求,要求供应商优先采用 AS 9100 系列标准,并通过认证。波音公司给出供应商如何进行关键特性波动管理的方法,提供了关键特性波动管理评估工具手册,帮助供应商寻找到更有效的质量改进方法,以及确定其 AS 9103《关键特性波动管理》系统的成熟度。该标准最后规定了波音公司对其软件供应商的质量体系要求,包括软件的设计、开发、安装、采购和维护。要求软件供应商完成软件能力成熟度模型集成（CMMI）评估方法的 A 级认证，通过外部的美国软件协会（SEI）授权的评估员的 CMMI4 或以上等级的认证。

同时，波音公司对其供应商若干专题提出了非常具体的质量控制要求，制定了《波音公司供应商数字化产品定义质量保证标准》《供应商关键过程/敏感机翼硬件质量要求》《供应商不合格品指南》《供应商原材料、标准件质量控制要求》《供应商电子管质量控制要求》等标准和要求，引导供应商进行高标准的质量管理。

3.1.3 波音公司对供应商的准入程序

波音公司对供应商的批准程序如下：

（1）供应商根据《波音对供应商质量管理体系要求》进行自我评估，并进行改进，使供应商质量管理体系符合波音公司的要求。

（2）波音公司供应商管理和采购小组（SM&P）对供应商进行调查。

（3）波音公司供应商质量代表确认供应商是否通过第三方认证，是否需要进行现场评审，供应商是否准备好进行评审。

（4）波音公司对供应商质量管理体系进行评审。

（5）波音公司批准供应商通过供应商质量评审。

（6）波音公司将该供应商列入供应商名单。

3.1.4 波音公司供应商绩效测量

波音公司要求企业内部各个层次进行业务绩效测量，提出的绩效测量是一种可量化的评估。该评估提供了用于评估业务或作业过程的条件、状况、有效性或变化的方法，在绩效测量中，通过有效性和效率来实现对结果的量化。

波音公司对供应商的绩效评分采用权重体系，从质量（Q）、交付时间(D)和总体绩效(GPA)三个方面进行评估：

（1）质量评估有三种方法：传统方法是根据在 12 个月内供应商被接收的产品的百分比进行评估；价值法是根据 12 个月内接收的不合格产品成本进行评估；指标法是根据波音公司和供应商共同选择的标准进行评估。

（2）交付时间评估是根据供应商在 12 个月内准时交付的产品的百分比进行评估。包括根据消耗制订(CBO)的定购单，通过对在规定期限之外接收的全部零件的统计，每天进行绩效评估，因为这与零件数量的交付时机有关。

（3）总体绩效是对供应商绩效评估，包括以下几方面：管理、进度、技术、成本和质量。每种业务模式都进行的评估包括研制、生产、支持服务、共享服务。评价分数是由最近至少 6 个月波音项目或场所的评价情况的平均值来决定。

根据评价结果将供应商绩效等级分为金（优秀）、银（良好）、棕（合格）、黄（需改进）、红（不合格）五等，被称为"五色牌"，相应的确定规则见表 2-3-1。

151

表 2-3-1　波音公司供应商等级确定规则

金色	优秀	供应商绩效 远远超出期望水平	交付时间：在 12 个月内 100% 准时交付； 质量：在 12 个月内波音 100% 接收其产品； 总体绩效等级：大于或等于 4.8，并且没有黄色或红色等级
银色	很好	供应商绩效 满足或超出期望水平	交付时间：在 12 个内 98% 准时交付； 质量：在 12 个月内波音 99.8% 接收其产品； 总体绩效等级：小于 4.8 大于或等于 3.8，并且没有黄色或红色等级
棕色	合格	供应商绩效 满足期望水平	交付时间：在 12 个内 96% 准时交付； 质量：在 12 个月内波音 99.55% 接收其产品； 总体绩效等级：小于 3.8 大于或等于 2.8，并且没有黄色或红色等级

（续）

黄色	需要改进	供应商绩效需要改进才能满足期望水平	交付时间：在 12 个内 90% 准时交付；质量：在 12 个月内波音 98% 接收其产品；总体绩效等级：小于 2.8 大于或等于 1
红色	不合格	供应商绩效不能满足期望水平	交付时间：在 12 个内准时交付低于 90%；质量：在 12 个月内波音接收其产品少于 98%；总体绩效等级：小于 1

3.1.4.1　外协产品绩效评估评分方法

2007 年 7 月，波音公司供应商绩效评分方法已经进行了修订。在此之前，综合等级（Composite Rating）是依据绩效分类（Performance Categories）最低等级制定的。新的评分方法采用更加成熟的权重体系，见图 2-3-4。

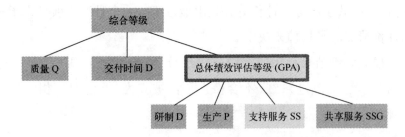

图 2-3-4　波音公司供应商绩效等级分值计算示意图

综合等级为三种绩效的低绩效分值的平均值。

例如：Q(4) + D(5) + GPA(3) = 12/3 = 4（银色综合等级）

用于 GPA 评级的绩效准则是由四个业务模式组成的。如果任何一个业务模型等级较低，GPA 总等级将会有如下表现：

例如：D(4) + P(4) + SS(1) + SSG(5) = 14/4 = 3.5（棕色[①]（黄色）GPA 等级）

---

① 由于使用低绩效准则，计算综合等级时，GPA 等级要选用下一个等级，所以本例中 GPA 等级用"1"代替"3.5"。即计算综合等级时，对于 GPA 等级，采用了"木桶原理"来确定。

综合评价等级 = Q(4) + D(5) + GPA(1) = 10/3 = 3.33(棕色综合等级)

质量和交付期绩效评估方法保持不变,它们是根据产品满足或超出质量和交付期绩效值的百分比来决定的。

3.1.4.2　外协产品绩效评价评分方法总体绩效评估

波音公司专家对供应商业务实践进行详细的评估,包括5个方面的评估:

(1)管理——供应商策划、执行和与波音公司沟通的及时性。

(2)进度——供应商满足进度要求的情况。

(3)技术——工程技术支持,包括产品开发、性能和保障。

(4)成本——成本控制、供应策划和体系支持的有效性。

(5)质量——质量大纲的有效性,包括供应商体系和质量保证。

波音公司根据年度开销和业务需求来确定"关键供应商"。波音公司经常对关键供应商进行评价。每年的四月和十月,将对关键供应商全部的项目/场所管理进行评估。

每半年将对关键供应商进行一次评估,如果需要,评估的次数会更多。

153

3.1.4.3　供应商工具手册(BEST)

波音公司供应商工具手册(Boeing Enterprise Supplier Tool,BEST)是波音公司唯一的、权威的供应商信息来源,是存储供应商相关数据的重要系统。供应商绩效测量(SPM)报告是波音公司用来评估供应商绩效的标准。其波音公司内部和外部的使用者通过波音公司供应商工具手册获取绩效报告。等级划分是通过波音公司目前推行的绩效取值表计算12个月的移动平均绩效来评定的。

波音公司各网站按月提供供应商绩效数据。这些数据每月10日向BEST提供,每月15日在BEST供应商绩效评估报告中报道。报告中的绩效数据反映了前一个月的绩效情况。(例如,一月份的绩效情况在二月份绩效报告中反映)。

波音公司供应商绩效测评报告,可以通过点击每一类绩效的超链接,查询每一等级相关数据。当质量数据出现在实施了电子供应商纠正措施通告(Electronic Supplier Corrective Action Notice, E – SCAN)系统的网站上时,BEST质量等级就会提供相关链接。

3.1.4.4 供应商绩效评估存在争议等级的处理

波音公司必须与其供应商共同确保绩效数据的真实性。波音公司进行的评级过程是为了确保BEST供应商绩效评估报告能够准确地反映供应商的绩效。如果供应商认为其绩效等级存在问题或遗漏,可以通过正式或非正式过程要求重新评审,推荐使用非正式过程。

(1)非正式过程:供应商和波音公司的购买订单签订人联系,然后购买订单签订人负责将此事件提交给波音公司的每个过程相关部门。

(2)正式过程:供应商通过BEST系统反映等级争议问题,然后由购买订单签订人负责处理。

当供应商在BEST系统打开绩效分类详细报告并选择了蓝色钻石图标,正式处理存在争议等级的申请就被提交了。随之就会正式处理存在争议的等级。供应商必须提供电话和详细的、关于绩效如何形成争议的解释。

供应商有权使用评级存在争议的排队系统,记录绩效等级存在的问题,包括质量、交付期和总体绩效评估。

波音公司会在20天内处理存在争议等级的问题,从而确保数据与近期绩效报告保持一致,并且波音公司会逐步改进评估存在争议的等级来满足用户需求。

波音公司的代表必须及时更新网站内容,使质量管理体系与网站描述相一致,从而确保存在争议的绩效能在以后的绩效运营中体现,能够查询到存在争议的解释。

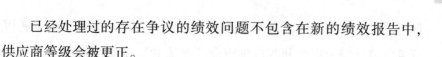

已经处理过的存在争议的绩效问题不包含在新的绩效报告中，供应商等级会被更正。

3.1.5　波音卓越绩效奖

波音公司承认并奖励绩效卓越的供应商。波音卓越绩效奖是年度最高绩效认可项目，它自 2007 年 9 月 30 日取代了波音优选供应商认证项目。

波音卓越绩效奖的获奖标准：

（1）连续 12 个月，从 10 月 1 日到次年的 9 月 30 日，供应商综合绩效等级均为金色或银色。

（2）年度合同达到或多于 100000 美元。

（3）12 个月中至少 10 个月有绩效证据。

波音卓越绩效奖的获奖奖励：

（1）适合展示的奖品。

（2）行业内表彰。

（3）在与供应商公司网站相链接的波音公司外部网站上表彰。

155

（4）在每季度的波音内部通信上的"最优等级"表彰。

（5）根据绩效水平进行资源选择。

（6）有资格参加年度波音供应商评选。

3.1.6　波音公司对供应商的监督管理

波音公司采用企业通用质量监督（ECQS）过程作为一种主动措施来改进与供应商的伙伴关系，整合波音公司业务监督活动和改进对供应商过程状态的报告。

企业通用质量监督过程由三种监督方式组成：产品评估（PA）、质量过程评估（QPA）和制造过程评估（MPA）。这些监督方式在不妨碍产品交付的情况下按预定的方式支持波音对供应商的监控。这些监督活动根据供应商的表现和对波音公司的风险大小决定。企业通用质量监督过程为提高和改进供应商的制造和质量管理体系及其支持过程提供了重要机会。

企业通用质量监督活动由波音公司的供应商质量专家在供应商或供应商转承包商现场实施,对合同中规定的指明波音公司有权监督和评审的产品和相关程序、操作和过程进行监督。

1. 监督的目的

波音公司对供应商实施监督以:

(1)帮助其制造和质量管理体系及其支持过程的提高和改进。

(2)监控和提高产品质量。

(3)向供应商、波音公司、波音公司用户和管理机构提供关于供应商过程和能力的信息。

(4)企业通用质量监督并不取代波音公司质量管理体系审核或特殊过程活动。

2. 监督的方式

波音公司通过以下三种方式对供应商进行监督,见图2-3-5。

质量过程评估 (QPA)	产品评估 (PA)	制造过程评估 (MPA)
●关注一致性和改进 ●平均约16小时完成 ●以简短的一页纸的报告通知结果 ●使用规定的检查单作为工具 ●例如:转承包商控制、纠正措施、首件检验等	●关注一致性 ●基于特定产品的审核方法 ●平均约8小时完成 ●以简短的一页纸的报告通知结果 ●使用简单的检查单作为工具 ●基于图样的要求记录数值	●关注一致性和改进 ●平均约24小时完成 ●用较详细的技术报告向顾客提供结论/建议 ●使用规定的检查单作为工具 ●例如:手工焊、碾压、钻孔、机械装配等

图2-3-5 波音公司供应商监督方式

3. 监督的实施

1)供应商在评估前的准备工作

供应商在波音公司对其进行评估之前做好以下工作：

（1）在波音公司供应商质量代表现场检查之前熟悉检查单。

（2）提供获得相关过程文件、培训记录、作业指导书、过程流程图等的途径。

（3）提供评价的过程任何可用的过程业绩数据。

（4）派了解情况的人员协助评估。

2）评估的实施

波音公司实施的评估主要工作如下：

（1）确认供应商质量简况，可以是正式的，也可以是非正式的。

（2）使用检查单和相关要求评审被评估的过程或产品。

（3）获得过程业绩数据（仅对制造过程评估（MPA））。

对被评估的过程或产品可评审如下内容：

（1）机械/设备安装。

（2）使用的材料。

（3）操作人员的知识。

（4）检验或测量过程。

（5）数据分析和持续改进的活动。

（6）减少过程波动、缩短周期、降低成本的机会。

3）评估结果

根据评估实施情况：

（1）讨论评估的结果。

（2）评审被评估的过程或产品的观察项、不符合项和强项。

（3）不符合项结论写进供应商评价报告。

（4）评审任何硬件影响，讨论需要的措施。

（5）讨论供应商质量或供应商措施及后续行动。

4）评估文件

根据评估结果形成评估文件，包括：

（1）产品评估。

① 产品评估供应商审核报告（SAR）。

② 适用时，供应商评价报告（SER）。

（2）质量过程评估。

① 评估总结。

② 适用时，供应商评价报告（SER）。

（3）制造过程评估。

① 评估总结。

② 适用时，供应商评价报告（SER）。

③ 完成的要求矩阵。

④ 数据分析。

4. ECQS 的作用

1）改进波音公司与供应商的合作关系

对供应商的质量监督，是对供应商的制造和质量管理体系及其支持过程的咨询和检查，是供应商提高和改进的有效途径。

2）减少对供应商多余的、重复的监督

波音公司的商业飞机和综合国防系统监督活动应尽可能地结合，以减少对供应商不必要的、重复的监督。

3）提高顾客满意度

通过使用不同详细程度的评估报告，向顾客清楚地报告供应商过程状况。

3.2　诺斯罗普·格鲁曼公司供应商质量管理

诺斯罗普·格鲁曼公司是世界一流的有人和无人飞行器、空间飞行器、高能激光器系统、微电子和其他系统和分系统的开发者、集成者、生产者和供应者，在维护美国国家安全和推动科技进步等方面发挥着重要作用。诺斯罗普·格鲁曼公司的主要客户是美国政府。同时,诺斯罗普·格鲁曼公司也面向情报、监测和侦察,通信,军事管理,电子战争,导弹防御,地球观测,空间科学和空间开发等领域的客户。

诺斯罗普·格鲁曼公司制定了以《供应商质量保证要求》(SQAR)为核心的一套对供应商质量管理的标准,例如,在《通用采购订单质量保证条款》中详细规定了对供应商质量控制的具体要求。

3.2.1　诺斯罗普·格鲁曼公司对供应商质量管理体系的要求

诺斯罗普·格鲁曼公司要求供应商的质量管理体系符合 ISO 9001 或 AS 9100,更倾向于 AS 9100。诺斯罗普·格鲁曼公司根据供应商产品类型,对其供应商采用的质量管理体系进行要求,表 2-3-2 是供应商适用的质量管理体系标准或规范以及质量管理体系要求。

表 2-3-2　诺斯罗普·格鲁曼公司对供应商质量体系要求

质量体系水平	可用的质量管理体系文件	供应商分类
水平 1	ISO 9001,AS 9100	拥有设计权力的制造商
水平 2	ISO 9001,《联邦采办条例(FAR)》第 145 章	(按设计进行生产)制造商、增加价值的经销商
水平 3	ISO 9001,AS 9120,ASA 100	合格经销商
水平 4	ISO 9001,ISO 10012 - 1,ISO 17025,AS 9003,Nadcap AC 7004,ANSI - Z540 - 1,AS9110	进行加工或服务的供应商
水平 5	没有强制性要求	货架产品
水平 6	ISO 9001,AS/EN 9100 或订单要求	设备加工供应商
水平 7	必须实施供应商认可的质量管理体系; 按照 ISO 的认证免除 SQAR 要求; 除非项目工作声明要求,采用适当的项目和条件的要求	QPL/顾客批准的或具体零部件的唯一供货方或分供应商
水平 8	必须实施供应商认可的质量体系与按照 ISO 认证免除 SQAR 要求 除非项目质量直接有要求	进行开发的供应商

供应商质量管理体系初始检查和以后的阶段检查是在诺斯罗普·格鲁曼的选择下进行的。通过按要求提交证明或第三方认证，表明供应商符合性的客观证明可以作为再次调查的接收证明，但也不排除使用现场评价或其他评审方法。如果第二方或第三方进行认证的范围与提供给诺斯罗普·格鲁曼公司的产品或服务类型有关，诺斯罗普·格鲁曼公司无条件地接受有资格地第二方和第三方认证。必要时，诺斯罗普·格鲁曼有权进行其他评估。诺斯罗普·格鲁曼公司承认由认可的认证/注册机构进行的第三方认证，认证必须明确地包含进行注册业务的名称、地址、城市和国家。

3.2.2　诺斯罗普·格鲁曼公司对供应商的过程控制要求

1. 供应商记录

供应商应依照质量管理体系标准（例如，ISO 9001，AS 9100）形成一个文件程序，对质量记录的创建、变化（手写或其他）、完成和控制进行记录。记录应该包括但不限于如下内容：

（1）按适用的图纸或规范进行检验的证据。

（2）首件产品检验报告。

（3）测试报告。

（4）周期性检查以及检验介质的控制。

（5）特殊加工和特殊测试设备控制的记录。

（6）所有进行的资格测试和接受性测试的数据记录。

（7）规范和合同要求的员工证明。

（8）材料和过程证明。

（9）材料评审报告。

诺斯罗普·格鲁曼公司要求供应商对这些记录至少保存 7 年。

2. 交付文件

诺斯罗普·格鲁曼公司要求供应商在交付文件中对交付产品的

包装标签内容、符合性、老化材料、制造批次性可接收性、修理/返修零部件、特殊加工或特殊测试设备、返修/替换零部件符合性、材料/过程证明等方面进行说明，并对这些文件的编写进行了详细的规定。

3. 非破坏性测试程序

供应商应当根据合同和相关的图纸、文件确定是否需要进行非破坏性测试。在进行非破坏性测试前要取得诺斯罗普·格鲁曼公司的批准。在测试过程中，任何变动都需向诺斯罗普·格鲁曼公司申请，重新进行批准。

供应商应当确保所选择的非破坏性测试等级符合诺斯罗普·格鲁曼公司批准的非破坏性测试程序/技术。进行非破坏性测试的程序和具体技术指南可在诺斯罗普·格鲁曼公司在线航空航天供应商信息系统（OASIS）上获得。

4. 纠正预防措施

诺斯罗普·格鲁曼公司要求供应商记录缺陷并分析其根本原因，给出纠正措施和预防措施，并对实施情况分析，保持记录。当工程规范或合同数据包有要求时，需要提供失效分析报告。供应商对所采取的纠正和预防措施的有效性负责。诺斯罗普·格鲁曼公司可以在供应商或分供应商工厂进行纠正措施的验证，以评审所实施纠正措施的有效性。

5. 关键特性要求

当诺斯罗普·格鲁曼公司的图纸、规范和采购订单中包含有"关键特性要求"时，供应商必须依照 AS 9103《关键特性波动管理》规定的要求，降低过程变化，实施统计过程控制和关键特性的变化管理。

6. 数据包的控制和使用

当诺斯罗普·格鲁曼公司在产品定义中规定了供应商应提交的数据包清单时，供应商应当符合"数据包控制和使用供应商质量保证补充要求"。该要求可在诺斯罗普·格鲁曼公司的 OASIS 上获得。

7. 多余物控制

诺斯罗普·格鲁曼公司要求供应商做好内务管理及多余物残留/损坏预防计划,以避免外部物体进入任何交付的产品中。供应商应采用适当的内务管理措施以确保能及时清除制造操作和工作中生成的残留物和残骸。供应商应对制造环境中外部物质进入产品概率大的敏感区域进行重点控制。

8. 材料/过程要求

供应商应保存所有供应商材料采购证明的复印件。这些证明必须是易获取的,其内容包括材料规范、尺寸/描述、成分和条件。供应商需保存原始的化验报告以及其他的独立测试实验室证明。这些证明是针对那些初始加工完之后还需要再加工的金属材料的,包括物理特性、化学分析和批次号码。另外,材料必须满足采购订单中的合同要求。

供应商应保存所有分供应商特殊过程的复印件,以及分供应商的过程证明。按照订单或其他规定,如果没有特殊要求,就不需要提交。一旦有要求,供应商的材料/特殊过程和分供应商/过程加工者的证明以及测试结果应可以利用。

当供应商有证据表明其使用的材料是由诺斯罗普·格鲁曼公司委托提交的,就不需提供材料证明。

在制造完成之后,除了铸造之外,所有的铝制品零件需要采取100%的传导率检查。应采取能够验证整个零部件的测量方法来验证是否满足特殊要求。金属材料供应商/批发商应定期对其进行化验测试,以对选择的物理和化学特性进行验证。记录并保持该验证,在要求的时候提交给买方。

9. 抽样计划

诺斯罗普·格鲁曼公司要求供应商的抽样计划要符合军方或政府标准,如 ANSI Z1.4《抽样计划》、Mil-STD-1916《抽样计划》或 ARP

9013《统计产品验收要求》。

10. 首件检验(FAI)

首件检验应依照 AS 9102《航空航天首件检验要求》的要求进行。该要求按照订单发布时所建立的版本水平执行。首件检验在向诺斯罗普·格鲁曼公司交货或者产品接收之前进行。对于不符合"首次生产过程"的产品,首件检验应该被延期直到制造的产品符合"首次生产过程"时再进行。

如果供应商对于订单中规定同样配置的产品已经具备了 FAI 的文件并且满足 AS 9102 中 5.3 节的要求,就不需要重新进行 FAI。目录中的产品不受 FAI 的约束。对于定制的/修正的目录中的装配件和子装配件,只有修正部分需要进行 FAI。

具体的首件检验要求和过程依据诺斯罗普·格鲁曼公司《供应商产品接受和交付指南》。

11. 首件检验评审

诺斯罗普·格鲁曼公司对非指定的材料供应商进行首件检验评审。诺斯罗普·格鲁曼公司在供应商工厂完成对原料检验产品的首件检验评审后,才可以进行产品的提交,随同首批产品的提交而提交 FAI 文档。首件检验评审项目如下:铸造和锻造(SQAR 代码 C);结构性装配件(SQAR 代码 H);主要的零件和装配件(SQAR 代码 N);可维护/耐用的关键项目;带有可交换性和可替换性特征(I&R)的项目;在订单中有特殊规定的项目。

12. 零件标识要求

如果在订单、工程图纸和制造计划中有要求,供应商要对所有可提交的商品进行标注,以便对供应商进行追溯。

可追溯信息应包括如下信息(但不限于这些信息):制造日期;序列号;批次号;控制号;炉批号;成品检验日期;批号;铸造号;工作单号。

163

除非在工程要求中申明,供应商应当在交付的硬件中对制造日期、日期条码或其他控制进行标识。相关信息存储在标识中,并且可在供应商形成的文件中进行查询。按批生产的硬件应当使用追踪控制信息。

13. 特殊过程要求

在采购订单发布之时,在工程图纸中列出过程规范,其他的过程规范或采购订单中引用的过程规范如果在诺斯罗普·格鲁曼公司授权特殊处理列表(ASPL)中被列出,那么就需要经过诺斯罗普·格鲁曼公司的授权批准。供应商应确保加工资源(包括制造者)是经授权批准并且列在针对过程规范的 ASPL 上,以上授权和列表必须在每一批次的硬件加工之前进行。无论何时,只要供应商获得一个新的订单或者开始加工一批新的硬件,都应评审 ASPL 和 ASPL 的变更记录来验证以上活动的有效性。

14. 统计过程控制

使用统计过程控制技术监测被确定为"关键特性"的参数。供应商提供一项计划,详细描述测量的方法和那些直接影响关键特性的关键过程,并规定关键过程的过程能力指数不应低于 1.33,在属性数据的情况下过程的产出率应达到 98%。

3.2.3 诺斯罗普·格鲁曼公司对供应商的不合格品控制要求

诺斯罗普·格鲁曼公司要求供应商对不合格品控制的程序如图 2-3-6 所示。

1. 不合格品报告

供应商应及时提交不合格品报告。不合格品报告应有清晰的差异描述和所有可疑零件的确认,包括诺斯罗普·格鲁曼公司零件号、订单号和生产线商品号、序列号、制造日期和数量、受该缺陷影响的材料、提交日期、任何与根本原因或纠正措施相关的信息,以及采用

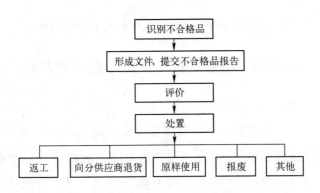

图2-3-6　不合格品控制程序

的预防措施等。对于拥有设计权利的供应商,需要提交技术评审报告和推荐处理方案。

2. 物资评审委员会(MRB)的授权

对一些原始资料/规范控制图纸(SCD)保持有设计权利的民用产品供应商有独立的物资评审权利。对于原始资料/规范控制图纸保持有设计权利的并且通过 ISO 9001 或 AS 9100 认证的供应商,包括产品符合军用标准和工业标准的供应商,只能原样使用或返修。

申请独立物资评审权利的程序依据供应商 MRB 授权指南文件(SQ&TP 0100、QOS 0043)程序确定独立物资评审委员会的要求。

对于没有申请独立的物资评审权利的供应商应根据相关的要求,以供应商物资评审报告(SMRR)的形式向诺斯罗普·格鲁曼公司的 MRB 提交不合格文件。

3. 产品放行

诺斯罗普·格鲁曼公司、客户和经授权的检验代理或特定的授权机构向供应商工厂派驻代表,通过监控、目视证明,或检验、目视测试活动,或其他系统、过程、产品评审和验证活动来判断产品与合同的符合性。通过对如产品的复杂性、产品使用环境、已接收产品的质量能力和供应商过去的业绩等诸多因素的考评,诺斯罗普·格鲁曼公司可对符合性验证的程度、类型、必要性作出独立判断。

3.2.4　诺斯罗普·格鲁曼公司对分供应商的控制

分供应商质量管理体系应该满足 ISO 9001、AS 9100、AS 9120《质量管理体系——航空航天——对库存经销商的要求》或 AS 9003《关键特性波动管理》的规定。特殊过程和服务的供应商必须遵照表 2-3-2 中水平 4 规定的质量管理体系。联邦航空管理局（FAA）维修站必须具备 FAA 证明。

诺斯罗普·格鲁曼公司对供应商适用的要求也同样适用于分供应商。要求所有的分供应商使用 AS 9102 来进行首批产品的检测。在对分供应商控制中，要求供应商确保所有从分供应商采购的产品满足诺斯罗普·格鲁曼公司采购订单的要求。

如果必须使用不符合上述的质量管理体系的分供应商时，供应商必须将下面的分供应商控制管理方法集成到其质量管理体系中：

（1）供应商将向分供应商提供所有的材料。

（2）供应商将进行工具证明检验、首批产品检验和分供应商硬件（接收物或材料）的 100% 全检。

（3）供应商对分供应商硬件的特殊过程负责。

（4）如果没有书面的授权，供应商不允许其分供应商将任务转给另外的分供应商。

3.2.5　诺斯罗普·格鲁曼公司对供应商评估和定级

诺斯罗普·格鲁曼公司通过有效的沟通和持续的改进建立了强有力的供应商基础。诺斯罗普·格鲁曼公司持续地对供应商的能力进行评估。评估的结果主要用于为将来做决策提供依据，帮助供应商改善绩效。

对于某些关键订单项目要求供应商提供质量控制依据的标准，

诺斯罗普·格鲁曼公司对质量计划或系统的评估,包括现场调查、供应商质量手册评估和让供应商完成信息问卷。

1. 供应商计分卡

为更有效地划分供应商绩效等级,诺斯罗普·格鲁曼公司采取供应商计分卡定期评估供应商的绩效。计分卡包括外购 SAP 计分卡和外协供应商评估管理体系(SAMS)计分卡两种类型。SAMS 提供标准的工具和在线数据库,以定期评估供应商的业绩,一般来说,每个外协合同都要接受 SAMS 评估,分为两种类型。

第一种是通常的 SAMS 评估,基于以下情况之一:

(1) 合同金额大于等于 100 万美元。

(2) 和/或全球供应链经理/分承包商经理/分承包商分部主任的判断。

这种类型的 SAMS 评估用来提供目标数据的概况,以及根据评估类型提供对特殊项目供应商业绩按月或按季进行 SMT 评估的基础。评估工作在报告周期结束后的 30 天内通过 SAMS 数据库按季度进行。

SAMS 评估由管理、建议、技术、任务保证/质量、进度、供应链管理(包括财务的稳定性/健康状况)、顾客满意度等 8 个主要要素和多个子项组成,并且给出了所有 SAMS 评估所需子要素的详细描述以及确定各色等级(即蓝、绿、黄、红)的基础,每一种颜色的等级都有建议的指南。适用时,可根据具体的项目指南进行剪裁。

利用 SAMS 评估供应商时,可采用以下等级准则。分值的计算是对所有等级要素取平均值,最大值为 4.0,并用求同颜色给予表示。具体评分准则如下:

(1) 红色(不满意):不能满足所有采购单(PO)要求,不可能补救;纠正措施无效。范围:<1.9。

(2) 黄色(稍满意):不能满足所有 PO 要求,仍有补救的可能;关

167

键有效的纠正措施不能完全实施。范围:2~2.75。

（3）绿色（满意）:满足所有 PO 要求,纠正措施满意。范围:2.76~3.75。

（4）蓝色（优秀）:超出 PO 要求,纠正措施非常有效。范围:3.76~4。

第二种是快速 SAMS 评估。此类型的 SAMS 评估的通常是少于100 万美元的分包合同或是认为不是关键性的项目要求。评估内容包括管理、成本(包括财务稳定性/健康状况)、技术、任务保证/质量、进度等 5 个强制性要素,以及供应链管理和顾客满意度两个可选择的要素。

2. 供应商改进

诺斯罗普·格鲁曼公司意识到供应商对公司的未来具有非常的重要性,因此经常给供应商提出改进建议。SAP 程序和供应商的 SAP情况可以从诺斯罗普·格鲁曼公司的质量管理部门获得。

3. 白金级原料计划

诺斯罗普·格鲁曼公司为了激励供应商达到杰出质量水平,制定了白金级原料计划。该计划将供应商分为白金级首选等级以及入门级别的白金级。被定为白金级的供应商表明了诺斯罗普·格鲁曼公司对其的信任。

第 4 章

技术成熟度评价

　　技术成熟度评价是随着人类对技术开发的重视和工程中新技术的应用而逐步发展起来的。经过几十年的发展,技术成熟度评价方法逐渐得到了广泛的关注和认可。美国国家航空航天局、欧洲空间局等机构都明确了工程项目开展技术成熟度评价的要求,并制定了一系列的标准和规范,在航天工程研制项目开展了广泛、有效的应用。了解技术成熟度评价方法的产生与发展过程,有助于我们更好地领会技术成熟度评价的内涵及其在航天装备研制技术风险管理方面的应用。

4.1　NASA 组织开展的技术成熟度评价

　　1975 年,美国通用动力公司在承担 NASA 的航天工程研制项目中提出了技术成熟度评价方法。通用动力公司根据动力分系统等在航天系统中的集成和应用需要,开发了一种技术成熟度量化评价模型,该模型将技术的成熟度分为 7 个等级,如表 2-4-1 所列。

表 2-4-1　美国通用动力公司发明的技术成熟度模型

级　别	含　义
1 级	基本原理被发现或报道
2 级	形成了设计方案
3 级	设计方案经过了分析性或实验性测试
4 级	关键功能或关键特征得到演示验证
5 级	部件或实验系统在测试环境中得到试验
6 级	系统样机或工程模型在测试环境中得到试验
7 级	系统样机或工程模型在实际太空环境中得到试验

　　1977 年,美国国家航空航天局为确定未来航天系统的空间动力,以上述 7 级技术成熟度模型为基础,对太阳帆和太阳能电推进两项技术分别进行了成熟度评价,据此进行比较,确定优先采用太阳能电推

进技术。

20世纪80年代前后,美国喷气推进实验室、马歇尔空间飞行中心,根据哈雷彗星交会等深空探测任务需求,先后对离子推进模块和高功率超轻质太阳电池阵列进行了技术成熟度评价,给出了应用可行性结论和技术发展建议。

20世纪90年代初,围绕空间轨道转移飞行器发展需求,美国总体公司(GenCorp)和航空喷气发动机公司(Aerojet)配合美国国家航空航天局的路易斯研究中心,完成了空间轨道转移火箭发动机的技术成熟度评价。

这些技术成熟度评价工作的开展,为美国航空航天系统选择合适的技术路线提供了重要依据,有力地配合了相关系统的研究与发展。

20世纪90年代中期至21世纪初,是技术成熟度评价的完善与推广阶段。这一阶段主要标志是美国国家航空航天局提出了更为完善的9级技术成熟度等级标准,为日后技术成熟度评价的推广应用奠定了基础。

172

1995年,美国国家航空航天局在《技术成熟等级白皮书》中对其前期提出的7级技术成熟度等级标准进行了进一步延伸,将技术成熟度划分为9个等级,如图2-4-1所示,用温度计形象地表示技术随着技术研究与开发过程的深入而逐步成熟的过程以及每一级技术成熟度对应的技术发展阶段,从技术基本原理的发现开始,到成功执行航天飞行任务为止,包含了技术开发与转化的全部过程。技术成熟度等级通过逐步提高的逼真度水平、作为技术载体的产品系统集成度和逐渐逼近真实环境的测试,进行分析、试验或演示验证,直至多次成功执行航天飞行任务为止,共分为9级。在图2-4-1的左侧,表明技术成熟度等级与开发、研制和应用阶段的对应关系。

表2-4-2详细描述了图2-4-1中的技术成熟度等级定义,这时的技术成熟度模型与目前普遍应用的技术成熟度等级模型已相差无

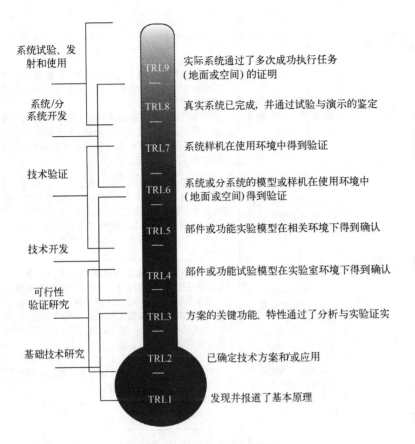

图 2-4-1 技术成熟度等级

几,是技术成熟度评价发展过程中的一个重要里程碑。

表 2-4-2 美国国家航空航天局技术成熟度等级定义

技术成熟度等级	定 义	描 述
1	发现或报道了基本原理	科学研究开始转移到应用研究与开发
2	已确定技术方案和/或应用	创新活动开始。通过基本原理研究,提出实际应用设想,但缺少证据或者详细的分析来支持这一应用设想。仍然局限于纸面研究

（续）

技术成熟度等级	定 义	描 述
3	关键功能已做分析与实验,和/或方案特性已验证	开始进行积极的研究与开发(R&D),包括分析研究与实验室研究,来对技术的各元素所做的分析预测做物理验证; 范例包括对尚未组装的部件做分析与试验,如,对以液氢作推进剂的推进方案来说,在实验室中氢的状态、温度、压力达到实现方案所需的数据时,此技术就达到了技术成熟度等级3级
4	在实验室环境部件和/或功能实验模型确认有效	进行了基本部件集成。在达到技术成熟度等级4级的过程中,必须集成技术的基本元素,进行样机性能的运行与测试,以确定这些元素集成后能工作,并且部件/分系统和/或模型的性能达到实现方案所需的水平。与最终的系统相比,此过程的保真度还是较低的
5	在相关环境中部件和/或功能实验模型确认有效	所试部件和/或实验模型的保真度必须有显著增高;基本的技术项目要同相当现实的保障要素集成在一起,使得所有应用情况(部件级、分系统级或系统级)的测试,能在模拟实际使用的环境中进行,并同目标环境与接口相一致。此过程的验证可能包括1种或多种新技术
6	在相关环境(地面或空间)中验证了系统/分系统的模型或原型机	比技术成熟度等级5级更加完善的典型系统模型或原型,通过了相关环境测试; 范例包括在高保真度实验室环境或模拟的使用环境中测试原型机
7	在空间环境中验证了系统原型机	系统原型接近实际系统,在实际运行环境下进行实际系统原型的演示验证。要求在使用环境中,大部分功能已做验证或测试,并且原型机同横向系统和辅助系统已很好地集成
8	真实系统已完成,并已在使用环境(地面或空间)中,通过测试与验证做了"可执行任务的鉴定"	最终形式的技术已在预期条件下证明可行,达到了技术成熟度等级8级。在几乎所有情况下,技术达到了技术成熟度等级8级,就代表其正式的"系统研制"结束
9	通过多次成功执行任务(地面或空间),证明真实系统执行任务可靠	最终形式的技术在任务条件(诸如在使用试验与评价中所承受的条件下)真实应用成功

美国国家航空航天局9级技术成熟度等级的提出,完善了技术成熟度评价的标准,推动了技术成熟度评价的应用。

为了实现技术成熟度评价与研制程序的有机融合,美国国家航空航天局在最新的系统工程手册以及一系列的程序要求文件中都明确要求开展技术成熟度评价,规定了各阶段应达到的技术成熟度等级。2005年,美国国会授权法令要求,美国国家航空航天局在将技术应用于重大系统开发之前,必须经过相关环境的验证,按照技术成熟度等级的定义应该达到成熟度六级。美国国家航空航天局在程序要求NPR 7120.8《NASA研究与技术工程和项目管理要求》中,明确技术开发类项目的项目负责人应采用技术成熟度等级或者其他度量技术成熟的指标,评价整个技术开发项目寿命周期内的成熟度,由独立的专家组确认技术开发类项目的成熟状态,而且在论证阶段就要开始初步的成熟度评价并在项目状态评审时进行更新,项目完成时还要对最终的技术成熟等级进行独立评价,并明确了技术开发类项目的技术成熟度评价程序要求。在程序要求NPR 7120.5D《NASA空间飞行项目管理需求》中规定在方案研究阶段,开展技术成熟度评价,评价关键技术的现有水平与预期水平之间的差距,并制定关键技术的预期成熟度等级;在初步设计与技术完成阶段,完成关键技术的开发以及验证活动,并提交技术成熟度评价报告,将技术成熟度等级作为初步设计评审的内容之一。

美国国家航空航天局各工程的寿命周期阶段与技术成熟度等级之间的对应关系如图2-4-2所示。

美国国家航空航天局的技术成熟度评价是技术评价过程重要组成部分。图2-4-3给出了技术成熟度评价在美国国家航空航天局技术评价过程中的作用和地位,技术评价包括:①通过技术成熟度评价给出技术研发的当前状态,按照技术成熟度等级对当前的技术成熟

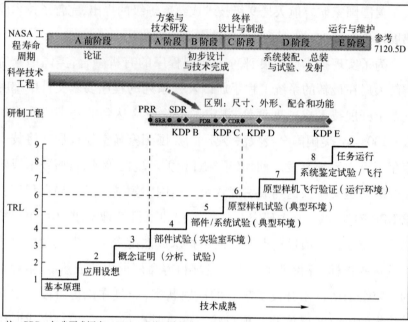

注：PRR：初步要求评审；SRR：系统要求评审；SDR：系统定义评审；PDR：初步设计评审；
CDR：关键设计评审；KDP：关键里程碑节点

图2-4-2　美国国家航空航天局各工程寿命周期阶段与技术成熟度等级之间的关系

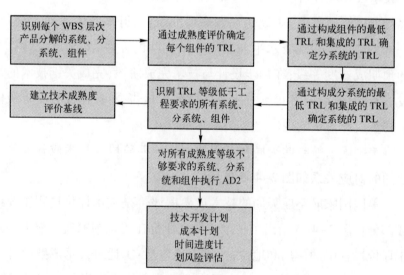

图2-4-3　美国国家航空航天局技术评价过程流程图

程度做出评价;②通过技术提升困难度评价(Advancement Degree of Difficulty Assessment,AD2)明确地评价技术风险,使用 AD2 技术对从一个技术成熟度等级进展到下一技术成熟度等级的难度做出评价。整个过程是迭代进行的,开始于项目论证过程的概念级,初步确定关键技术以及建立初步的成本、进度和风险降低计划。进入 A 阶段(方案与技术开发阶段)建立成熟度基线、技术开发计划以及相关的成本和进度。最终的技术评价仅包括技术成熟度评价以及形成用以确认所有技术项目达到了要求成熟度等级的技术成熟度评价报告。

4.2　ESA 组织开展的技术成熟度评价

ESA 在借鉴美国国家航空航天局的技术成熟度等级定义的基础上,提出了自己的技术成熟度等级定义,对在研项目管理积极开展技术成熟度评价。在 2007 年相关资料中,ESA 将项目按照性质划分为几大类,相应的技术项目与技术成熟度等级关系如图 2-4-4 所示,并于 2009 年起草了技术成熟度等级手册。

177

TRL	2	3	4	5	6	7	8	9	说明
强制性	技术研究项目 (TRP)								通用的、多领域的
可选			通用支持技术计划						通用的、多领域的
			地球观测包络计划 (EOEP)						对地观测
		通信系统预研项目 (ARTES)							通信
			伽利略项目 (Galileo)						导航
			未来运载火箭准备项目 (FLPP)						空间运输
			火星探测计划 (AURORA)						人类航开探索
		欧洲太空生命与物理科学项目							

图 2-4-4　ESA 技术项目与技术成熟度等级

ESA112009 年版的空间技术成熟度等级手册中给出硬件和软件的基本的技术成熟度等级。手册中给出硬件和软件的基本技术成熟度等级定义,分别见表 2-4-3 和表 2-4-4。

表 2-4-3 ESA 硬件技术成熟度等级定义

技术成熟度等级	定 义	解 释
1	观察和报道了基本原理	技术成熟度的最低等级,科学研究开始转化为应用研究和开发
2	已确定技术方案或应用设想	一旦观察到基本原理之后,可能想出了实际应用,并开始研发活动。应用都是设想,对此还没有进行证明
3	关键功能已做分析与试验,或方案特性已验证	启动了主动性研发工作,包括分析或实验室研究论证技术预测
4	在实验室环境中确认部件或实验模型有效	将基本的技术部件组装在一起证实可以一起工作
5	在相关环境中确认部件或实验模型有效	基本的技术部件与比较真实的保障要素集成在一起,可在模拟环境下进行试验
6	在相关环境(地面或空间)中验证了系统/分系统的模型或原型机	在相关环境下试验代表性的模型或原型
7	在空间环境中完成了系统原型样机的验证	原型系统或符合接近预计的运行使用系统
8	真实的系统已经完成并通过试验和验证(地面或飞行)进行了"飞行鉴定"	技术在实际系统中以其最终的形态在预期的条件下得到验证
9	通过成功执行任务,真实系统得到飞行验证	在实际任务条件下使用了最终形态新技术的系统

表2-4-4 ESA 软件技术成熟度等级定义

技术成熟度等级	定义	软件相关的工程术语	涵盖软件的其他解释	说 明	要 求	验 证	可 用 性
1	与硬件相同	数学公式	科学知识	详细的数学公式说明；研究结果出版	问题的表达式和解的表达式	被证实的数学公式	在现有的计算条件下软件实施的可行性
2	与硬件相同	算法	单个算法或函数的原型	算法实施文件化。文件化的结果	识别的实际应用。部分问题的具体规范	测试单个算法证实其特性和可行性	验证在系统架构中构建关键功能的可行性
3	与硬件相同	原型	集成的关键系统原型	关键功能的架构设计。根据实施的规模和复杂性	大量问题的部分解。实施中的主要用例	实现并测试了整个功能中一小部分功能，进行了性能验证。在模拟的实验室环境下进行了验证和确认	构建运行系统的可行性，考虑了验证的性能和可用性
4	与硬件相同	α版	实现了大部分功能	技术成熟度等级3级的文件以及用户手册、设计文件	明确识别了应用域。确定的一组问题解的要求。实施中的主要用例	在典型的仿真实验环境下部分完成了验证和确认过程，或者只完成了小部分功能或问题域的验证和确认	验证完成其他功能和达到产品级质量的可行性
5	与硬件相同	β版	实施全部软件功能	按照适用的软件标准提供全部文件，包括软件测试报告和应用案例	复用域及实施的相关波动特征的正式定义。所有用例和错误处理都做了规定	对包括健壮性在内的完整的应用域要求已进行确认。质量保证方面考虑了端对端典型实验环境下含真实目标的验证和确认	验证了在可用资源条件下修正所有报告的问题（例如，所有未决的软件问题报告）的可行性。用户支持单位到位
6	与硬件相同	产品发布	可以在运行/生产环境下使用，包括用户支持	根据适用的软件工程和质量标准编制软件产品文件	构建版块：复用过程，在实施域和测试环境下用实例说明。工具：已经实施所有用例和错误处理，用户友好性得到确认	构建版块：按照完整的域要求实施确认，确认环境可复用、复用的文件可用工具：预期范围的验证和确认过程已完成（包括健壮性）技术状态控制和质量保证过程已全部开展。在端对端的完全典型的实验环境下（含真实目标）进行验证与确认	验证了可在运行项目中进行应用的可行性。这可能要预先的试飞应用或在轨验证

179

（续）

技术成熟度等级	定义	软件相关的工程术语	涵盖软件的其他解释	说　明	要　求	验　证	可 用 性
7	与硬件相同	早期采纳的版本	构建版块：用于在轨验证；工具：应用于试飞项目	除了技术成熟度等级6级文件之外，对文件和鉴定文档的更新，SPR数据库，经验教训报告	能追溯到在轨验证任务需求的要求；证实在预期应用内方案的有效性；由用户确认的要求规范	构建版块：按照适用的软件标准集成到航天器中；工具：工具已经在试运行案例中进行了成功确认，试运行案例能代表预期的项目应用	包括帮助在内的工程支持和维护单位到位
8	与硬件相同	一般产品	可应用于实际的空间任务	包括规范、设计定义、设计依据、验证和确认（鉴定文件）、用户手册和安装手册以及软件问题报告和不合格报告在内的完整文件。还包括鉴定文件、SPR数据库。经验教训报告	能追溯到任务需求来确认在预期应用内的方案有效性，由用户确认的要求规范	构建版块：集成到航天器/地面部分，并成功地完成系统鉴定活动；工具：工具已经成功用于运行项目确认，但还没有进行飞行确认	包括帮助在内的工程维修单位到位，具有在轨数据利用和后飞行分析能力
9	与硬件相同	实际运行产品	已经用于执行真正的空间任务	除了技术成熟度等级8级对文件和鉴定文档的更新外；软件问题报告数据库；经验教训报告；空间项目应用跟踪记录	构建版块：维护；工具：实施全部过程，维修，升级等	构建版块：对任务进行全面确认，鉴定了预期的应用范围；工具：工具已经在一个或几个空间应用中进行了成功地确认，包括对在轨数据的利用。所有遇到的异常都进行了分析并得到了解决	包括空间维护和升级的支持在内的功能

第 5 章

数字化研制及其质量保证

5.1　NASA 数字化研制

美国国家航空航天局在 20 世纪 90 年代将其战略调整为进度更快、质量更好、费用更低(Faster,Better,Cheaper,FBC)。为了实现该战略转变,NASA 及其各中心开始意识到应通过引入先进的工具,对其产品研制过程进行相应的调整。

5.1.1　NASA 质量驱动的数字化研制

NASA 的数字化研制的切入正是由质量驱动的。NASA 通过对其几个项目的分析发现,当时设计过程存在三个主要问题:①要求存在不稳定性;②航天人才的更新换代;③没有实现真正的工具集成。NASA 从保持设计的稳定性和生产过程的受控性的角度来加强质量管理工作。设计的稳定性包括设计要求的稳定性和设计过程技术状态受控。人才的更新换代通过设计过程的规范性来实现。工具集成通过实施一系列数字化升级来改进。

NASA 除了在顶层制定了《建模与仿真标准》(NASA – STD – 7009)和《航天飞行项目全寿命周期数据管理》等标准对数字化研制和管理进行控制外,NASA 各中心还在不断地研究和应用数字化研制方法。例如在"阿瑞斯"(Ares)运载火箭研制过程中,马歇尔空间飞行中心采用了如图 2–5–1 所示的虚拟设计评审(Virtual Design Reviews,VDR)的方法。

"阿瑞斯"运载火箭是 NASA 为其星座计划研发的一个新型火箭。由于以希腊神话中战神阿瑞斯命名,也称为战神火箭。"阿瑞斯"运载火箭研制项目的虚拟设计评审以并行工程的集成产品小组的组织模式让所有相关方都参与到评审过程中,参与方包括:制造、技术、投资方、供应商、质量、运行、设计部门或人员,通过统一的平台

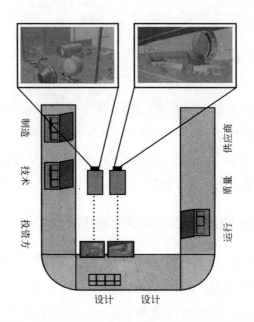

图 2-5-1　"阿瑞斯"运载火箭项目虚拟设计评审

和环境,虚拟设计评审可以查询硬件接口、验证系统路径和评价技术人员访问。

184

5.1.2　喷气推进实验室的开发过程重构

喷气推进实验室(Jet Propulsion Laboratory,JPL)是 NASA 的一个下属机构,始建于 1936 年,位于加利福尼亚州,负责开发和管理无人空间探测任务,其设计的航天器已经到过太阳系全部已知的大行星。

进入 21 世纪,喷气推进实验室的任务量急剧增加(任务量从 1983 年的 3 项到 2003 年超过 45 项),同时火星气象轨道器和火星极地着陆器故障频发使得实验室重新对研制过程进行审视,发现喷气推进实验室并没有完全实现 NASA 新战略的进度更快、质量更好、费用更低这一转换,对如何实现这一新战略也没有形成明确的方针和程序文件,过程不具有可重复性,各项目经理对过程都有其自己的不同解释,可能会忽略一些重要的步骤,同时也不能彼此吸取教训。2001 年,喷气推进实验室梳理了分系统级的新产品开发过程(DNP)的业务过程,在此基础上制定了组件层和部件层开发活动的程序。通过这些程序明确了各相关人员应该遵循的"最佳实践"。由此形成的喷气推进实验室顶层过程如图 2-5-2 所示。

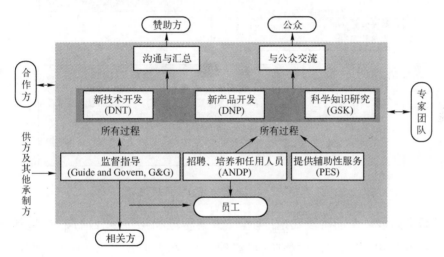

图 2-5-2 喷气推进实验室顶层过程

定义新产品开发过程的最初目的是梳理喷气推进实验室知识和经验。过去,学徒体系在任务量小时还能运转良好,但新的变化要求采用新的方式培育领导人。过程作为记录企业知识和经验的一种方式,同时也提供了标准化和持续改进的基础。

喷气推进实验室的飞行项目实施方法隐含在各过程内,如图 2-5-3 所示,过程分为 3 类:①管理;②任务保证;③工程。工程过程进一步细化为任务系统、飞行系统和地面系统过程。过程负责人以及过程开发团队负责过程定义、文件和改进的开发。

喷气推进实验室飞行项目的所有过程和程序都融入到飞行项目寿命周期,参见图 2-5-4。项目起始于方案机会、方案选择,开始先期

新产品开发管理结构

管理过程	任务保证过程
1. 定义任务／科学目标和数据产品	1. 保证产品质量
2. 确保行星防护	2. 保证产品可靠性
3. 管理项目信息和信息技术	3. 工程零件可靠性
4. 管理和降低风险	4. 确保系统安全性
5. 计划和执行项目采办	5. 实施项目评审
6. 计划项目	6. 管理任务保证
7. 计划、管理和控制资源	
8. 确保发射批准	
9. 人员管理	

工程过程

任务系统过程	飞行系统过程	地面系统过程
1. 设计项目架构	7. 设计产品系统	12. 开发服务能力
2. 工程飞行系统	8. 开发硬件产品	13. 工程任务使用系统
3. 工程任务和导航系统	9. 开发软件产品	14. 提供使用服务
4. 工程项目	10. 集成和试验产品	15. 确保任务执行
5. 管理项目产品的技术状态	11. 使用产品系统	16. 集成试验任务系统
6. 工程项目		

图 2-5-3　新产品开发管理结构

研究阶段。A 前阶段和论证阶段(方案阶段和初步设计阶段)改进任务方案和获得提议,实施阶段(详细设计、生产和试验)开始正式项目批准。

	先期研究	论证		实施		
阶段	A 前阶段 先期研究	A 阶段 任务&系统定义	B 阶段 初频设计	C 阶段 设计与建造	D 阶段 装配测试与 发射(ATLO)	E 阶段 使用
关键事件	批准方案	初步协议	合同与批准	批准试验	开始 ATLO　批准发射	关键事件
评审	方案评审	工程任务 系统评审	初等设计 评审	关键设计 评审	ATLO 成 熟度评审　任务成熟 度评审	发射后 评估评审　关键事件准 备状态评审
交付物	策划 费用 技术	策划 费用 技术	策划 费用 技术		策划 费用 技术	
转阶段标准	任务可行	项目可行	项目可靠	试验 准备就绪	发射 准备就绪	

图 2-5-4　喷气推进实验室飞行项目寿命周期

以角色/行为相对应的格式表示程序,见图2-5-5和表2-5-1。程序是根据最佳实践完成过程所要求工作流活动的步骤描述的。程序是用户需要的唯一过程视图。

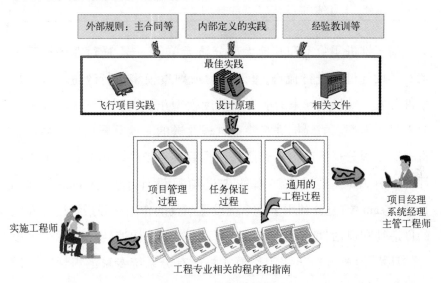

图2-5-5 过程要求流

表2-5-1 典型的硬件开发程序的初步设计步骤

角 色	活 动
主管工程师	按要求调整与项目和职能管理的协议。协调前期采办的必要资源。参考JPL的项目寿命周期,确保工作计划与所要求的转阶段成果一致。使用这些程序: ① 记录工作协议 ② 进度计划
主管工程师	调整输入要求,开发和分析硬件要求
主管工程师	更新前期采办的计划,对所采用的硬件查询飞行硬件后勤指南
主管工程师	开发初步设计 (1)包括:飞行系统的设计、验证/确认和使用原则,任务保证原则和飞行项目实践; (2)进行初步设计工程分析直至设计符合要求; (3)分配资源,例如,质量、电源和带宽; (4)产品设计文件、接口协议和图样并根据项目计划进行技术状态控制; (5)使用这些程序: ① 结构分析和力学分析,载荷/环境与试验 ② 热分析工程与设计

（续）

角　色	活　动
主管工程师	生产和试验仿真或功能样机模型(可选项)
主管工程师	评审产品设计确保满足转阶段要求

喷气推进实验室和其他大部分航天单位一样,通过业务过程再造对其设计过程进行梳理,基于能力成熟度模型进行改进。这一从软件开发领域发展起来的能力成熟度模型正扩展到系统工程和硬件开发过程模型。喷气推进实验室过程改进的一项重要工作是将计算机辅助工程分析活动融入到产品数据管理系统中。作为并行工程设计的标杆,喷气推进实验室的先进项目设计小组(Project Design Team,Team X)充分利用了分系统设计工具的作用和分系统设计专家的创造性和灵活性,构建了可将空间任务概念快速转化为系统级设计的环境,这种并行工程工作模式将所有分系统专家汇集到同一设计空间,开发一系列相互关联的分系统设计工具,概念开发时间从几个月缩短为2周。

喷气推进实验室应用数字化技术改变了型号研制的流程。通常航天产品研制具有投资大、参加人员多和执行时间长等特点,而且存在系统复杂、技术指标经常变化和预算等不确定因素,对设计的影响巨大,传统的研制过程遵循的工作方法是"工作加会议"的模式,会议和评审成为研制过程中沟通和协调的渠道和机会,而设计过程协调一致则靠评审来保证,造成这方面的主要原因是设计分析条件和手段有限。

在数字化研制技术的支撑下,喷气推进实验室采用项目设计中心和并行工作模式,实现了以下5大转变:

(1) 组织了多学科专家的设计团队。设计队伍在组织上采用了多学科专家混合编队,克服了传统设计队伍只关注本专业领域的不足。传统的设计模式下,很大的不足是方案设计时往往不考虑下游工作,如制造和管理,可能遇到的问题,同时设计要求也过于僵化。而在并行工程环境下,由于用户和各学科专家的参加,这两方面都得到重大改善。例如,工艺人员早期参与设计工作,就可以在前期设计工作中发现在加工制造、刀具、操作、可靠性、质量保证过程等方面可能发生的问题,并通过预防措施使之得到解决。同样,由于用户和各专业科学家的全方位交流沟通,用户需求转化为设计指标也就更合理,使设计质量也得到了提高。

(2) 建立了一支专业化的设计队伍。以往为完成某个特殊的设计任务,就需要建立一支技术队伍,任务完成后队伍就解散。现在建立了一支专职从事航天产品方案设计的队伍,这支队伍多次做同样的工作,他们的工作越来越熟练,积累了设计知识,最大复用了设计资源。

(3) 实现了设计队伍的实时信息交流,提高了工具的使用效率。传统的设计过程中,每个工程人员都孤立进行或在某个小范围内进行产品设计。并行工程环境下,相关学科的专家实时参加设计方案的校核,能在工作中快速地进行信息沟通,避免了长时间的被动等待。

(4) 注重了成本。并行工作团队不仅由工程人员组成也涵盖了财务和成本核算人员,增加了成本意识。

(5) 重组了资源。通过项目设计中心的工作,喷气推进实验室从行政上为项目设计小组提供了有效的条件保障。流程变革之一是资源重组,通过产品设计中心的统一建设来提供并行工程设计所必需的保障条件。

5.1.3　马歇尔空间飞行中心数字化研制

1. 先进方案办公室组织结构

马歇尔空间飞行中心(Marshall Space Flight Center, MSFC)先进

方案办公室(Advanced Concepts Office, ACO)采用了独特的协同工程方法进行任务总体和方案定义研究,支持NASA未来任务论证的项目的A前阶段和A阶段。马歇尔空间飞行中心利用基于模型的制造工作扩展了仿真分析能力、实施了制造执行系统、构建了基于模型的现场作业指导书的能力,通过数字化仿真对工艺过程进行验证。先进方案办公室采用由专业化的多学科设计工程人员组成的开发团队和优化的、基于系统的设计过程,执行广范围的技术研究。先进方案办公室设计团队进行地球到轨道的运载器系统研究、机器人和科学任务研究以及载人航天探索研究。多学科设计团队提供了独特的能力进行方案定义研究的集成的系统分析、任务分析、系统总体评价和分系统设计分析。该办公室的团队组织结构如图2-5-6所示。团队由各个专业的设计分析人员组成。

图2-5-6　先进方案办公室团队结构

2. 协同工程工具

马歇尔空间飞行中心先进方案办公室采用了大量的计算机设计分析工具,使用行业标准计算机工具可以使用得到广泛认可的建模技术和进行高逼真的工程分析。很多情况下也可在 A 前阶段进行更高逼真度的分析,例如有限元热和结构建模。先进方案办公室使用的主要的工程分析和设计工具如表 2-5-2 所列。

表 2-5-2　马歇尔空间飞行中心先进方案办公室数字化设计和分析工具

设 计 工 具	功　　能
空间轨道优化程序	运载器轨道与性能分析
运载器分析	运载器结构分析
集成火箭尺寸程序	运载器尺寸和性能分析
热分析桌面应用和内部热分析工具	航天器热分析
内部电源系统工具	太阳电池阵尺寸和航天器电源系统分析
内部姿态控制系统工具	制导、导航与控制分系统尺寸
内部推进系统工具	推进系统分析
计算机优化性能分析	空间级尺寸和性能分析
运输总体分析	参数化的运输系统分析
三维动画开发软件(3D Studio)	动画开发

191

3. 基于系统的协同化设计过程

先进方案办公室的协同设计过程经过多年的发展不断成熟,进行了大量的方案设计研究,基本上支持了每个 NASA 的方案和计划。为了适应 NASA 的重点从技术开发到科学任务再到重大飞行系统项目的转移,该过程也进行了几次调整。协同设计过程基于全面的基于系统的方法,该方法对整个 NASA 项目和概念分析都有效。协同设计过程的基础是从识别顶层任务目标和要求开始的系统分析过程。设计过程由任务定义、航天器定义和系统工程三个迭代反复的过程组成。先进方案办公室协同设计过程如图2-5-7所示。

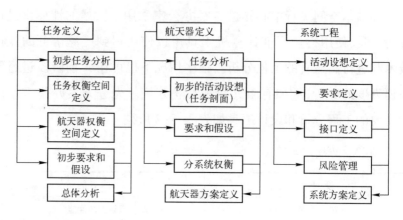

图 2-5-7　基于系统的协同设计过程

任务定义过程包括定义任务剖面、识别任务方案范围。基于任务要求和任务权衡集，定义了初步的航天器方案与设计规则和假设。该过程是迭代反复的，因为任务要求有时也来自任务和航天器权衡分析。任务定义迭代的结果形成了任务方案定义。

航天器定义过程与任务定义过程密切相关连。航天器定义基于任务分析的要求，任务要求作为航天器性能和分系统设计假设。初始的航天器设计规则和假设不仅对航天器方案和分系统分析进行细选，最终转化为航天器和分系统要求。后续的系统设计权衡分析和系统设计分析都形成了航天器方案定义。

与任务和航天器定义过程并行的是在 A 前阶段和方案设计研究阶段尽可能地进行系统工程过程。初始的系统工程活动与 NASA 程序要求文件中规定的 NASA 项目论证指南中的要求一致。项目早期阶段开发形成的产品通常也是任务方案评审所要求的产品。系统工程分析与任务和航天器方案集成形成了整个系统方案定义。此外，初始的系统风险识别通常也是系统分析的重要组成部分。

4. 协同设计过程

先进方案办公室所用的过程是迭代反复过程,包括所有任务和航天器设计专业、协同工作收敛到理想的分析结果或设计方案。大部分情况下,迭代以实现设计收敛的系统质量估计值为准则。图 2-5-8 给出了协同设计过程的基本步骤和信息流。该过程基于迭代分析并将分析结果传递给所有相关的设计专业,以便分系统之间的相关性和交叉性在每次设计迭代中都能考虑到,基本上讲,设计过程开始于初步研究策划完成。规划阶段包括从研究的客户收集信息并定义任务方案,同时在研究规划过程中定义初步的任务和航天器权衡空间,一旦规划完成,定义设计规则和假设开始设计过程。通常举行联合设计会议,在会议上每个设计专业定义初步的设计原则和假设。初步的设计原则和假设形成正式的文件并作为设计循环迭代的起始点,设计原则和假设在每次迭代中都要进行相应的调整。

193

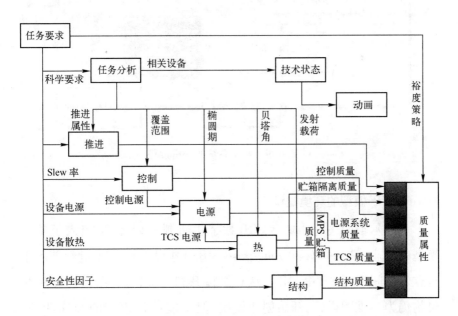

图 2-5-8　协同设计过程

5. 集成的系统分析

先进方案办公室采用如图 2-5-9 所示的基于系统的分析,对系统实现任务要求与技术目标和目的情况进行集成分析,包括对系统的轨道/性能、分系统重量和尺寸、航天器的重量与尺寸、结构/热载荷分析、费用、风险、可靠性、环境等进行综合分析与评价,实现系统优化。

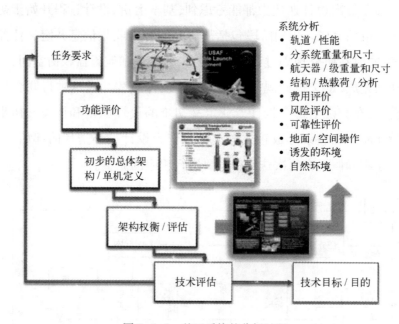

系统分析
- 轨道/性能
- 分系统重量和尺寸
- 航天器/级重量和尺寸
- 结构/热载荷/分析
- 费用评价
- 风险评价
- 可靠性评价
- 地面/空间操作
- 诱发的环境
- 自然环境

图 2-5-9　基于系统的分析过程

6. 基于模型的环境建设

马歇尔空间飞行中心为提升数字化研制工程环境,引入了基于模型的企业(Model Based Enterprise,MBE)建设工作。21 世纪前 5 年马歇尔空间飞行中心的 MBE 从 0 级提升到 1 级,这个阶段主要的交付物仍为二维图样,已开始创建模型,但不能确保模型的准确性,制造方还需要在图样的基础上,重新创建模型。2007 年至 2008 年期间,马歇尔空间飞行中心的 MBE 提升到 2 级水平,这个阶段交付CAD 模型和图样并对模型和图样进行技术状态控制,CAD 模型能保证准确,但还是在图样而不是模型上进行注释,企业之间没有集成。

基于模型的制造工作提高了马歇尔空间飞行中心的仿真能力,实施了制造执行系统,目前正实现基于模型的作业指南,开始实施产品数据管理系统和制造系统之间的集成,实现了"设计→仿真验证→工艺计划与建造→实物产品验证"这一设计过程。如图 2-5-10 所示,通过仿真实现工艺验证及可制造性分析:选择相应的几何尺寸并确定需要仿真的工步,进行三维可制造性分析检查制造工艺、大型装配件以及地面保障设备的干涉性、配合、可达性和可访问性。

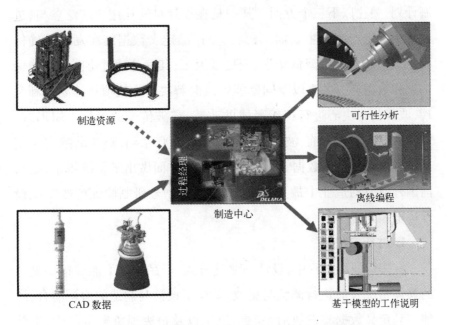

图 2-5-10 马歇尔空间飞行中心基于模型的制造

5.2 波音公司全系统数字化研制和并行工程管理

波音公司从 B737 – X 到 B777 的研制，实现了全过程的数字化定义、预装配、并行设计、协同流程管理，建立了第一个全数字化飞机样机，与比传统设计方法相比，更改和返工减少 50%，研制周期缩短 50%，从观念到技术使飞机设计和制造实现了本质的飞跃。波音在 777 项目启动之前面临着客户要求高、竞争对手强、时间紧迫、资金有限的挑战。首先，相对于空客 A330/340 飞机，波音 777 飞机必须在功能、可靠性、维护性和经济性上具有很强的竞争力，满足航空公司的要求；其次，波音 777 飞机需要大大降低全生命周期成本；再次，在交付时即能投入运营。针对这些问题与挑战，波音公司制定了项目研制计划，关注以下三个方面。其一是在设计早期让用户广泛参与，进而尽快确定产品的主要需求；其二是产品定义数据集在发放前确保其正确性和合适性降低错误、变更及返工；其三是通过协同工作确保信息和数据充分共享以及问题能够及时解决。为使项目计划顺利实现，波音公司决心进行组织形式的改革，突破传统的串行组织形式，应用并行工程。目前，波音公司的 BDS – 500 系列，对产品数字化定义、三维建模、产品数据管理、制图规范等方面做出了系统规定，是目前国外航空制造业中最为完整，且通过多型号研制验证的数字化设计标准系列之一。

1. 并行工程

在串行研制过程中，设计与制造分离，产品设计不能够按照制造的具体情况及时进行调整与更改，缺少了设计与制造的协调磨合，致使产品定义数据集发放后，变更、返工以及报废现象经常发生，工装与零件间的配合不精准，从而延长了生产周期。所以，传统的串行组织形式不利于保障项目的高效率、低成本、短周期和一次成功。

并行工程是集成、并行设计产品及其相关过程（包括制造过程和支持过程）的系统方法，以提高产品质量、降低成本、缩短周期为目标。

并行工程虽然强调各种活动并行交叉进行，但并不意味着可以忽视产品开发的逻辑顺序，或省略产品开发的必要环节，并行工程需要通过工作分解或节点控制，使能够并行交叉的活动尽量并行交叉；一方面是将复杂的产品分解为若干个子系统，对各子系统的设计实施并行推进；另一方面是将相关联的各子系统的设计、生产、采购、工艺等工作尽可能交叉进行。

并行工程的实行，需要组织和技术上的保障。波音777飞机研制项目中波音就是通过设计制造团队（Design – Build Team，DBT）、并行产品定义来完成组织结构更新，并且通过数字化产品定义、数字化预装配、数字化工装定义等数字化技术为并行工程实施提供保障，如图2–5–11所示。

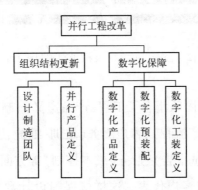

图2–5–11　波音777项目的并行工程示意图

2. 基于设计制造团队和并行产品定义的并行工程组织结构更新

1）设计制造团队

波音777飞机研制项目在研制过程和组织形式上实现了一个重大突破，形成了一个"设计—生产"流程，即通过组织变革将工程、计划、工装、生产工艺、材料、质量保证、财务、用户支持等业务职能紧密的组织在一起,共同参与产品定义(即设计数据集)。这种新的做法把过去的串行研制流程变成并行研制流程,强调协同工作。承担工作的实体就是设计制造团队,如图 2-5-12 所示。

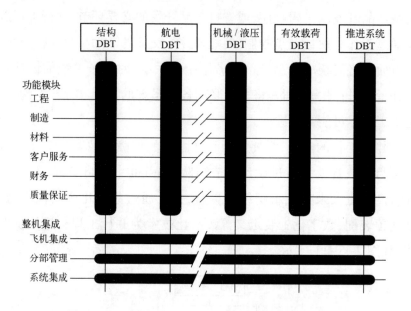

图 2-5-12　波音公司 777 飞机研制项目设计制造团队

　　每个设计制造团队集合了工程(产品定义)、制造(计划、工装、总装)、材料(计划生产流程)、客户服务(培训、维护、区域服务)、质量保证(计划、审查、质量报告)、财务(成本控制)等方面的专家,一般情况下还包括供应商和客户代表。这样能保障设计数据的合理利用,最大限度利用各方资源,从设计之初就能发现潜在问题,也能减少用户和供应商的不确定性,减少设计更改,缩短研制周期,达到高质量、低成本。波音强调所有组内的成员必须在同一地点办公,原因是成员之间信息交换频繁,若不在一个地点,不利于及时沟通。

　　每个设计制造团队是一个独立的实体组织,负责飞机的一部分功能(如电器、结构等),贯穿设计、制造、交付、售后支持整个产品生命周期。例如全飞机有 DBT#0001,机头舱段为 DBT#4004 等,波音777 飞机研制最高峰时曾组织过 238 个设计制造团队,总共 8000 余人。设计制造团队的组织方式在波音 777 飞机的研制过程中取得了明显的效果。设计制造团队在工程设计发放以前,找到并消除了12000 处干涉问题。

2)并行产品定义(Concurrent Product Definition,CPD)

并行产品定义是把当前的产品设计的相关过程,包括产品制造和支持服务集成在一起的系统工程方法。波音在 777 飞机研制项目中实现了这一战略设想,即把工程、计划、工装、制造、材料、质量控制、财务和用户支持等方面组织在一起,共同进行产品定义。这里的设计具有广泛意义,不仅包括产品设计,还有工艺、装配、检验和服务等方面的设计工作。设计过程大体分概念设计、初步设计和详细设计等几个阶段,完成由粗到细的过程,设计制造团队也按这一过程组织。

并行产品定义通过减少差错、返工或者减少飞机零部件以及更改制造工艺和工装,来缩短飞机的研制周期,并降低研制和维护成本,优化业务流程。并行产品定义是一个极其复杂的过程,需要强大的团队共享资源、团队协作完成产品定义,包括结构和系统的并行设计、分析师对设计的支持、生产计划定义、关键工装设计、基础设施和技术文档跟进。由于这些过程是高度相互依赖的,因此通常运用集成工作方式来完成这些复杂的任务。任务计划通过分解成不同的阶段来推进执行,每个阶段都有相应的设计制造团队目标。

波音并行产品定义的目标是对任务的实施做到足够严谨和详细,确保无更改、无错误、无返工地满足下游用户或下个研制生产环节的需求。关键点是协同设计组在同一地点工作,决策时应服务于整个任务并对自己的产品负责,同时根据不同研制阶段变更设计制

199

造团队成员,由设计和生产工程师对设计制造团队的决定共同批准。

3. 基于数字化产品定义、数字化预装配、数字化工装定义的并行工程数字化保障

1)数字化产品定义(Digital Product Definition,DPD)

数字化产品定义要求所有零部件(零件、配装件、总装件)的几何定义都要在数据集中进行定义,而且是作为唯一权威的零件定义在数据集中予以保护。数字化产品定义的最大好处就是能够进行数字化装配和分析,能尽早发现零部件和对接中的问题。

波音公司在777飞机的研制过程中大量使用交互式CAD/CAE/CAM系统(CATIA)解决方案,整个设计工序都没有采用传统的绘图纸方式,以确保机上成千上万的零件在制成昂贵实物原型前,也能清楚设计是否稳妥。全部有更改的或新设计的零件都在CATIA工作站上完成设计。零件的模型包括三种:三维实体、三维线框和二维图样,三者组成了数据集。不作更改的零件会由图样转换成实体模型。三维实体模型输入到电子预装配(EPIC)数据库中,用于数字预装配。设计制造团队内部使用三维线框模型,因为三维实体模型传输使用的资源太多,线框模型相对比较节省资源。

一个零件的数据集,包括它的3D/2D几何模型、图样和其说明及数据集说明,打包存到数据库,进行数据的发放、交换、控制和跟踪。777飞机的研制过程共运用了近2200台电脑终端机,这些终端分布在日本、维基塔和费城,连接到位于西雅图的8台大型计算机上。

2)数字化预装配(Digital Pre-Assembly,DPA)

数字化预装配的目的是要减少更改、误差和返工,在数据集正式发送之前尽量做好计算机仿真,以确保各装配零件配合准确协调。飞机零部件在设计者、分析师、计划人员或工装设计人员的要求下进行预装配,设计者负责模型的共享、抗干扰检测以及处理其他机构反馈的不合格项。波音 777 飞机研制过程中对 10 多万个零件全部实行数字化设计,并在计算机上进行数字化预装配、设计更改。

数字化预装配负责人对模型数据进行管理和发放,而现场负责人保证飞机交叉结构的设计集成。数字化预装配定期对集成情况进行审查,波音 777 飞机为期 2 年的设计共进行 5 次审查,审查项目包括抗干扰性、接口协调和安装进程等。

在数字化预装配的设计过程中,各小组的零件、工装设计员生成三维实体模型输入 EPIC 数据库,完成信息共享。各有关人员提取模型完成各种检查,检索装配应有的全部零件及工装,进行装配、定位和干涉检查。审查通过后将 2D/3D 数据集预发放,并存入数据库,再由该数据库发放最新的数据,开始新的一次迭代设计。数字化产品定义与数字化预装配是反复迭代的过程,数据在数据库共享,直到设计被批准,再打包送入数据库,见图 2-5-13。虽然实施数字化预装配会在短期内增加一些费用,但整个飞机研制项目的最终成本会被降低。

201

3) 数字化工装定义(Digital Tool Definition,DTD)

数字化工装定义的主要过程是确定工装需求和工装设计。该过程与零件设计、制造计划并行进行。设计制造团队相关工艺人员辨别关键零件与工装的接口以及早期发放的数据集,定义工装的三维实体模型。通过数字化预装配验证所设计的工装,检查重点是工装与零件间、工装与工装间的配合与协调,得到确认后则从三维实体模型生成二维工装图样。数据集、实体模型和图样由设计制造团队和工艺管理部门共同批准后发放,并输入到工装数据库。综上所述,通过数字化的辅助手段实现了产品设计、预装配和工装设计的并行工程。

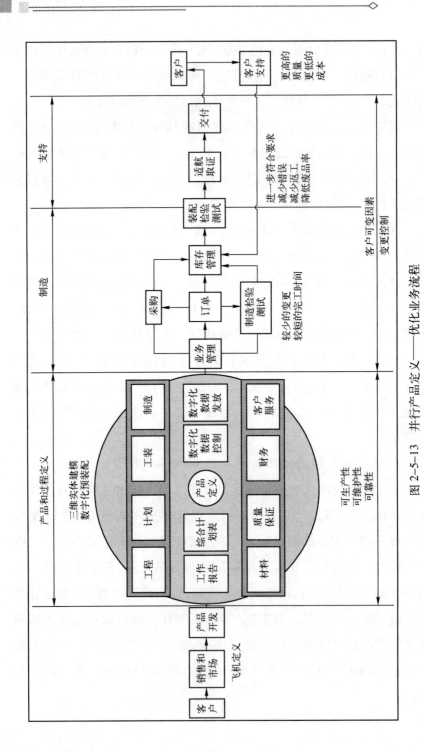

图 2-5-13 并行产品定义——优化业务流程

5.3　阿莱尼亚宇航公司先进航天系统虚拟开发与集成

阿莱尼亚宇航公司（Alenia Aeronautica）先进航天系统虚拟开发与集成环境支持有效开展预先信息管理（Advance Release Information）和基于成熟度的过程细化控制。预先信息管理实现研制单位之间的并行协同，基于成熟度的过程细化控制实现技术状态管理和质量控制。

产品数据管理系统基于工作流技术，既可以用于发布数据，还可用于预先信息管理。图 2-5-14 给出了阿莱尼亚宇航公司预先信息发布流程。阿莱尼亚宇航公司的产品数据管理系统用于管理在最终的零件发放之前发布的所有产品数据信息，还管理产品之间的链接关系，以便产生初步的产品结构。该方法采用了以下两个概念。

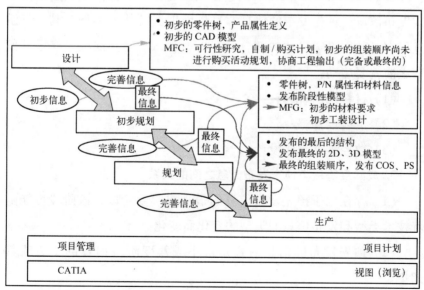

图 2-5-14　预先发布信息的流程

1. 成熟度阶段

成熟度阶段代表了定义零件的信息（几何、非几何）的完善程度。

必须为每个具体的技术定义逐步成熟的成熟度阶段。因此,使用成熟度阶段可以对各部门(工程、制造、采购、质量等)执行的活动进行综合计划而不用等待最终的图样或模型发布。

每次发布新的设计或达到新的成熟度阶段,新信息自动地替换旧信息并将变更通知到所有相关的公司部门。在设计部门内部,成熟度等级作为一项工具可用于:

(1) 监控产品开发过程进展。

(2) 了解当前其他部门设计信息的完备情况。

(3) 在制造部门内部,成熟度阶段用于设计制造团队内部达成的集成计划、验证项目演化完备程度。

2. 预先发布信息

配合成熟度阶段概念,还要采用另外一个概念,即预先发布信息(Advance Information Release),这是指预先由工程部门向制造部门正式发布信息。预先发布的信息本身作为根据其技术类型及其在下游过程中各种用途定义的一部分。有 3 类制造活动必须在最终零件发布之前就要启动:

(1) 材料采购/供应。

(2) 工装设计。

(3) 数控零件程序设计。

3. 成熟度等级与预先发布信息之间的关系

(1) 存在用于预先发布信息的最小成熟度阶段。该阶段可能随着技术类型和发布信息的类型的变化而变化。

(2) 预先发布的信息内容是最小成熟度阶段内容的子集或其超集。

(3) 管理预先发布信息并不意味着数据可不受控,但预先发布信息的修改程序相对最终发布的信息来说要部分简化。

(4) 预先发布信息要经过工程部门和制造部门之间的协商,结果符合设计建造团队进度计划。

5.4　空客公司基于数字样机的数字化研制管理

　　空客数字化研制关注产品数字定义与其并行产品研制过程相结合,特别是将研制过程细分为 14 个里程碑节点,分别对应不同的研制阶段如图 2-5-15、图 2-5-16 所示。

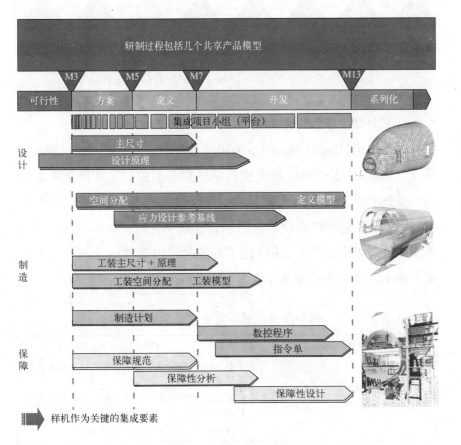

研制过程包括几个共享产品模型

M3　M5　M7　M13

可行性　方案　定义　开发　系列化

集成项目小组(平台)

设计
　主尺寸
　设计原理
　空间分配　　定义模型
　应力设计参考基线

制造
　工装主尺寸 + 原理
　工装空间分配　工装模型
　制造计划
　　　数控程序
　　　指令单

保障
　保障规范
　保障性分析
　　保障性设计

样机作为关键的集成要素

图 2-5-15　空客公司数字化研制过程

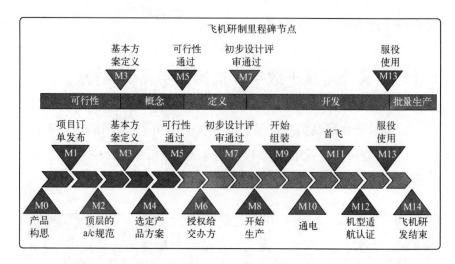

图 2-5-16　空客公司数字化研制过程质量控制关键里程碑节点

1. 围绕数字样机开展工作

数字样机(Digital Mock Up,DMU)是空客并行工程设计过程技术质量的核心,技术控制过程围绕数字样机开展的。定期的数字样机评审是技术控制过程的主要手段。多学科团队参与数字样机评审,通过评审不断地对产品设计进行确认。数字样机开展不仅第一次就将事情做对以确保质量,还降低了开发时间以及使用物理样机所带来的成本。表 2-5-3 给出了空客数字化样机定义。

表 2-5-3　空客数字化样机定义

数字样机内容	目标用户
主几何尺寸模型:主要基于飞机的航空动力学外形定义	结构设计团队:用来得出结构的初步定义和相应的设计原则
	制造工程团队:建立最终装配线操作和建造的初步定义
	使用工程团队:研究机场的服务能力
空间分配模型	系统工程团队:进行系统和各种设备的预安装
	设计保障团队:评估如何进行维修操作

（续）

数字样机内容	目标用户
定义模型	数字样机最后的定义模型,从该模型派生出制造数据。
其他数据:设计原理、边界模型、压力设计基准库、系统/设备安装要求库	

2. 设立数字样机集成员

空客公司为了确保数字样机数据质量,设立并实施了"数字样机集成员(DMU Integrator)"一岗,每个组件设计和建造团队内都有一个或几个集成员,其主要职责为:

(1)确保数字样机数据的有效性,尤其是与技术状态项相关联的数据。

(2)分析问题确保数字样机的正确性(特别是在集成阶段),例如,检查是否有"孔",是否有异常数据等,确保设计过程质量。

3. 构建并行协同环境

(1)空客公司并行工程(Airbus Concurrent Engineering,ACE)的主要目的虽然是为了改进其内部业绩,但由于大约 60% 的产品价值来自供应商,因此必须提升供应商的设计并行工程能力。

(2)空客公司实施"增强"项目(Enhanced AeroNautical Concurrent Engineering ,ENHANCE)由法国宇航公司、英国宇航公司、德国DASA 公司等联合参与,采用异地无纸设计技术,在对空客系列飞机研制项目上取得了很大成功。

(3)通过虚拟航天协同企业实现价值改进(Virtual Aeronautical Collaborative Enterprise,VIVACE),VIVACE 项目前期阶段工作做得好,研制周期更短,研制成本更低。目前空客已经与来自工业界和学术界的 50 多个合作方开展了合作。

5.5　国外数字化研制最佳实践和发展趋势分析

1. 数字化研制技术发展

先进制造技术发展的总趋势是精密化、柔性化、虚拟化、网络化、智能化、敏捷化、清洁化、集成化及管理的创新,而数字化设计与制造技术是先进制造技术的基础。随着计算机技术的不断提高,网络技术的普及应用,以及用户的需求,CAM、CAE、产品数据管理(PDM)等技术的发展,数字化设计技术也必将进一步发展。数字化设计技术发展趋势主要有:

(1) 单项技术向完善化发展。在 CAD/CAM 中的技术主要有:曲面建模技术、曲面与实体集成的技术、实体建模技术、大型组件设计技术等。

(2) PDM 与 CAD/CAPP/CAE/CAM、MRPII/ERP、OA 的集成技术。当前和今后一个时期,主要集中在封装、接口和集成技术。

(3) 数字化设计与虚拟制造的无缝连接。基于 CAD 技术和以计算机支持的仿真技术,形成虚拟的环境、虚拟的制造过程、虚拟的产品、虚拟的企业,从而大大缩短产品开发周期,提高一次成功率。

(4) 数字化设计的网络化。网络技术使得并行异地协同设计成为可能,企业通过国际互联网、局域网和内部网,可以实现对世界上任何一地的用户定单而组建动态联盟企业,进行异地设计、异地制造,然后在最接近用户的生产基地制造成产品。数字化设计是网络化设计的基础,而网络化设计极大地提高和拓展了数字化设计的效能,两者有机结合推动智能设计制造技术的发展和广泛应用。

(5) 设计中的产品协同商务。企业的产品协同商务解决方案就是构造一个以数字化设计为一端、数字化营销为另一端的产品全生命周期的数字化企业。它是基于网络技术的全新解决方案,其内容

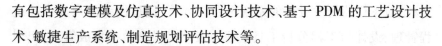

有包括数字建模及仿真技术、协同设计技术、基于 PDM 的工艺设计技术、敏捷生产系统、制造规划评估技术等。

2. 普遍采用集成优化设计与并行工程

为提升研制水平和产品总体性能,国外航天机构和一流航空航天企业普遍采用了基于并行工程的集成产品开发模式、数字化设计手段和多学科集成优化设计技术,并开发了专业的设计系统,构建了先进的集成设计环境。通过这些先进的设计手段与工作模式的综合应用,显著地提高了研发设计的效率和能力,从根本上提升了航天航空企业的生存力和竞争力。

洛克希德·马丁公司围绕导弹研发设计开发了交互式导弹设计系统,系统集成了几何引擎、推进系统、气动分析、空气热环境分析、结构动力学、武器效能及费用模型等,构造了基于网络的实时协同设计环境。该系统通过产品设计过程的集成和优化,可以快速对导弹进行概念和初始设计,使设计速度提高为原来的 4 倍,并能在导弹概念设计阶段为洛克希德·马丁公司节约了大量开支。该系统在包括联合低空发射导弹等众多项目中得到运用。此外,洛克希德·马丁公司还围绕超/高超声速飞行器的研发设计开发了超/ 高超声速飞行器设计系统,它是一个涉及热、弹道、结构、控制、气动、推进、成本、可靠性等方面的多学科系统。传统上对这些学科的分析是独立进行的,所以导致了飞行器设计过程的低效。但该系统将这些设计分析集成到一个统一的设计平台,并与各个专业的分析模块紧密结合,实现了需求—设计—分析—优化—数据管理的一体化设计过程,在概念设计阶段就能对设计方案进行快速评估。该系统可以独自捕获和处理各学科知识,推动多学科协同和并行工程,并实现集成的工程仿真分析和寻优,为跨超/高超声速飞行器的设计与仿真提供了条件。

为了新型可重复使用运载器的顺利研发,NASA 开发了全新的先进工程环境用于新型运载器的设计和分析,这是一个支持新一代航空/宇航飞行器研发设计的系统平台和环境,通过网络门户和设计过程管理、设计与工程分析工具集成以及产品模型数据集成管理,实现了分布、并行、合作的研发设计方式。新的工程环境建设,使 NASA 在可重复使用运载器的研制过程中可以方便、灵活地实现多构型、多方案、多技术的比较及融合,并通过多学科联合分析方法的应用来确保优化方案的可靠性。

为了克服日益复杂的研制需求所带来的项目研制风险,实现设计经验的固化、项目流程的优化,ESA 开发了协同工程环境。通过开发并实际使用协同工程环境,ESA 有效地解决了需求管理、项目管理等问题,实现了设计流程、设计文档、设计方法、设计工具、设计架构和设计成果本身的重复使用,显著提升了型号的研制效率,降低了项目风险。ESA 还建立了多个并行设计支撑环境,由服务器、网络资源、基础软件、多媒体系统、多学科团队、标准规范等共同组成,实现了资源共享、协同设计的目的,在方案论证工作中发挥了重要作用。近年来,ESA 相关部门采用并行设计支撑环境完成了 130 余项未来项目的系统级概念研究与设计,以及 7 个新型运载器项目的概念设计,极大地缩短了研发周期,同时改进了产品质量和任务设计的一致性与完整性、技术可行性、风险控制及成本控制。

3. 广泛应用仿真技术

美国把仿真技术纳入国家关键技术清单,并将仿真技术看作是"军队和经费效率的倍增器",广泛应用于研制开发、试验鉴定、作战分析等领域。美国在"基于威胁"向"基于能力"军事转型的过程中,不断加强了复杂战场环境体系的对抗能力,并且将仿真作为军事理论研究和武器装备效能评估的重要手段。美国通过发布国防部体系结构框架来加强作战体系的互联、互通和互操作能力;不断完善模型体系,大量采用基于仿真技术的系统验证与优化方法来验证武器系统作战概念和评估武器系统方案的优劣;在效能评估方面,充分将武器系统的性能和要完成的使命联系起来,对武器系统生命周期的效费比进行评估。

例如,2010年美国导弹防御局和诺斯罗普·格鲁曼公司利用仿真系统完成了2009年的弹道导弹防御系统性能评估活动。该活动是一个端对端系统级仿真,用于分析弹道导弹防御系统集成雷达、通信网络以及拦截弹在各种场景内如何开展工作,反映了弹道导弹防御系统从敌方导弹发射到对其进行拦截的全过程。评估活动利用仿真系统进行了2500次以上的试验,并为36个截然不同的场景设定了基础配置,性能评估活动取得了成功。此外,美国德雷珀实验室在改进"三叉戟"导弹制导与控制系统时,也采用了基于仿真技术的设计方法对方案验证和系统性能进行评估。

4. 试验技术向虚实结合方向发展

虚拟试验是一种以虚拟样机模型、实物试验数据和知识为基础,配合可视化渲染和交互手段,在一个虚拟试验环境中模拟真实产品的物理试验过程。国外虚拟试验技术在军工产品研制中的应用基础已经具备,且结合数字化设计和仿真技术,使得综合试验验证发展所需的支撑技术逐渐具备,试验范围由单点型转向系统级和体系级,系统间交互能力大幅提升。另外,国外综合试验中的环境模拟技术日益成熟,形成了若干典型的环境模拟系统,积累了大量的环境模型。

美国等发达国家注重由权威部门主导的试验验证标准规范的制定和推广应用,用以规范试验系统集成过程中数据交换和流程再造。试验的标准化机制逐渐完善,有力地支撑了联合试验系统的结构,促进了虚拟试验技术的发展。传统的以实物试验为主的试验验证模式正在向虚实结合的综合试验验证模式发展,虚拟试验可提高试验的效率、降低风险,实物试验可提高虚拟试验的精度及可信性,两者相辅相成。

第6章

国际航空航天质量组织机构及其标准

1998年12月，美国汽车工程师协会（SAE）、欧洲航空航天和国防工业协会（ASD）及日本航空航天公司协会（SJAC）三个机构发起成立了国际航空航天质量组织（IAQG），成员主要由美洲、欧洲和亚太地区的主要航空航天工业的制造商和有关协会组成。美洲地区的代表组织是美国航空航天质量组织（AAQG），欧洲地区的代表组织是欧洲航空航天质量组织（EAQG），亚太地区的代表组织是亚太航空航天质量组织（APAQG）。

IAQG是一个全球非盈利组织，办公地点在比利时布鲁塞尔。IAQG共有67个成员公司，其中，美洲地区包括北美、中美和南美，共有19个成员；欧洲地区包括欧洲、中东、俄罗斯和非洲，共有35个成员；亚太地区包括亚洲和大洋洲，共有13个成员。

（1）美洲地区包括：庞巴迪宇航集团、巴西航空工业公司、美国古德里奇公司、霍尼韦尔、美国派克宇航公司、洛克韦尔柯林斯公司、联合技术研究中心（UTC）、凯旋（Triumph）集团公司、通用电气（GE）、罗·罗公司、湾流公司、德事隆（Textron）、诺斯罗普·格鲁曼公司、雷神公司、美国史皮特航空系统公司等。

（2）欧洲地区包括：法国亚义赛（AEC）、空客、英国航空航天公司（BAE）、法国达索航空公司、以色列防务电子公司、欧洲直升机公司、奥地利菲舍尔未来先进复合材料股份有限公司（FACC）、荷兰福克公司（Fokker）、意大利阿莱尼亚·马基、英国吉凯恩（GKN）航空发动机系统、以色列航空工业公司、欧洲导弹集团、英国美捷特（Meggitt）安全系统公司、德国发动机及涡轮机联盟（MTU）、劳斯莱斯（Rolls－Royce）、俄罗斯直升机公司、瑞典飞机有限公司、赛峰（SAFRAN）集团、比利时航空航天公司、法国透博梅卡公司（Turbomeca）、法国泰雷兹集团（THALES）、联合飞机公司、卓达宇航集团等。

（3）亚太地区包括：中国航空工业集团公司、中国商用飞机有限责任公司、新加坡国防科技研究院、富士重工业株式会社、石川岛播磨重工业公司、印度尼西亚航空航天工业公司、韩国航天工业公司、大韩航空公司、日本川崎重工株式会社、三菱重工等。

6.1 IAQG 的目的、任务和愿景

6.1.1 目的

成立 IAQG 的目的是为了在全球航空航天公司和国防组织之间，在互相信任的基础上，建立并维护动态合作关系，以便在整个价值流程中显著提高质量并降低成本。因此，IAQG 自成立之初就持续不断地通过供应链提供高质量产品，减少非增值的活动和成本。然而，IAQG 不是法人实体，而是一个全球性的公司组织，其服务对象为提供军用和民用航空航天产品(包括平台与系统)和服务、国防应用的陆海基系统的组织。因此，IAQG 没有发布标准的权利，通过美洲地区美国航空航天质量组织发布的 AS 9100 系列标准、欧洲地区欧洲航空航天质量组织发布的 EN9100 系列标准以及亚太地区亚太航空航天质量组织发布的 KS9100、HB9100、JISQ9100 系列标准来建立标准，其具体目的就在于：

(1)在最大范围内为航空、航天和国防工业提供统一的质量相关要求。

(2)建议并贯彻持续改进的流程以落实所发起的倡议活动。

(3)建立分享航空、航天和国防工业中最佳实践的方法。

(4)同政府机构、监管机构及其他产业利益相关方协调倡议和活动。

6.1.2 IAQG 任务和愿景

IAQG 的任务为：

（1）提升质量文化。

（2）建立并维护质量管理体系标准。

（3）传递工业控制第三方认证系统。

（4）给利益相关方、顾客和供应商提供可度量的收益。

（5）收集并提供最佳实践、过程和协调的需求。

（6）在国际航空、航天领域和国防公司之间建立和维持动态合作。

IAQG 愿景：

IAQG 成为航空航天和国防领域质量界认可的行业领袖。

6.2　IAQG 组织机构及职责

6.2.1　IAQG 组织机构

IAQG 组织机构如图 2-6-1 所示。

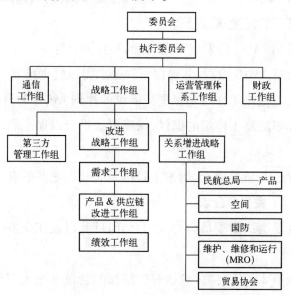

图 2-6-1　IAQG 组织机构图

6.2.2　IAQG 委员会

6.2.2.1　组织机构

IAQG 通过美国航空航天质量组织、欧洲航空航天质量组织、亚太航空航天质量组织分别在美洲、欧洲和亚太地区吸纳成员单位,这些单位包括在系统或分系统层次上,对航空和航天产品(包括平台和系统)及服务或国防陆海基系统的初始设备进行设计、开发、生产、支持的公司,以及由航空航天公司或所有成员成立的贸易协会及相关机构。

全体成员分为有表决权的委员会成员和无表决权的成员。有表决权的委员会成员共计 27 个,其中美洲地区 10 个,欧洲地区 10 个,亚太地区 7 个,委员会成员由美国航空航天质量组织、欧洲航空航天质量组织、亚太航空航天质量组织共同决定。

6.2.2.2　职责

(1) 将 IAQG 成员作为一个有机整体获取最大利益,而不是局限于具体在某一特定地区或公司。

(2) 提出 IAQG 的发展方向、目的和具体目标。

(3) 批准 IAQG 章程,并确保章程要求得以贯彻落实。

(4) 通过战略工作组确保提交倡议的达到 IAQG 的目标。

(5) 评审战略工作组的倡议,保障资源供应以保证倡议得以成功贯彻落实。

(6) 保证与贸易协会、国家主管机关和政府之间的有效沟通。

6.2.2.3　委员会会议

(1) 委员会决定委员会会议的召开日期,以及在众多会员中选定主办方。

(2) 所有 IAQG 会员(包括有投票权的会员和绝大多数 IAQG 会员)和地区会员可以参加委员会会议。

6.2.2.4　决策

所有委员会决策应该达成一致,如不能达成一致的,27个委员会成员至少要有2/3有表决权的委员会成员同意,而且必须至少要有4/5委员会成员在现场才能通过。

6.2.3　执行委员会

执行委员会成员包括各地区领导和主席,IAQG执行委员会职责有:①按照IAQG章程的要求,维持IAQG的平稳运作;②在具体事务上掌握整体方向;③在IAQG会议安排上,监督和支持美国汽车工程协会(SAE)、主办公司和IAQG协调员;④对于作出显著贡献的成员要予以恰当的认可。

执行委员会会议在IAQG会议周期内召开。会议目的:①确保绝大多数活动及优先事宜得到充分考虑,以及IAQG目的和目标的明确提出;②给团队提供积极的支持(如扫清障碍);③为运营管理体系组和通信组提供经费,并监督其活动;④确保维持IAQG经费的完整性;⑤负责为每日活动做出决定,为倡议小组提供支持;⑥帮助主席为IAQG事务指定对外联络人;⑦负责向委员会建议委员会和全体成员大会的时间和地点;⑧批准委员会和全体成员大会会议的议程(由协调员协调),并确保所有活动得到充分考虑。

6.2.4　分支机构

6.2.4.1　通信工作组

通信工作组由执行委员会管理,确保IAQG通信,并提升IAQG活动认知的连贯性。

6.2.4.2　财政工作组

财政工作组管理IAQG的预算和财务,为IAQG工作组活动提供经费。确保维持IAQG经费的完整性。

6.2.4.3　运营管理体系工作组

运营管理体系工作组确保 IAQG 运营有效果和效率,其中运营管理体系工作组、通信工作组和财政工作组是执行委员会管理的事务机构。

6.2.4.4　战略工作组

IAQG 战略工作组(SWG)主要负责开发及制定战略,以实现 IAQG 目的和具体目标。战略工作组的职责有:①在委员会协议中开发执行战略,并达到 IAQG 目的和具体目标;②特批的战略倡议应是已获得委员会批准的战略方针,且应现实可行并有成本效益,实施起来能得到广泛支持;③准备资金的年度评估以完成预期(见 IAQG 108 程序,报价、预算和财务报告);④监督战略的执行,定期向委员会报告。

战略工作组由 IAQG 主席领导,由 IAQG 领导组、各战略流的领导人,IAQG 第三方管理、改进战略和关系增进战略小组的领导以及委员会提名人选组成。

220

1.　第三方管理组(OPMT)

IAQG 制定了受工业部门控制的第三方方案(ICOP),由第三方管理组负责管理,ICOP 以 9100 系列标准为依据开展工作。提升质量水平,确保质量管理体系在整个航空航天供应链得到贯彻落实。

第三方策划基于:①等同采用 9104/1/2/3 的国际、地区和国家标准;②由工业部门监督确保国际、地区和国家级别的体系要求得到充分的满足;③非等同采用的审核认证;④所有信息纳入 IAQG 管理的航空航天供应链信息系统(OASIS)数据库,供 IAQG 成员共享。

2.　改进战略组

IAQG 在 4 个方面提出战略,每方面由 IAQG 某一成员为主,如有问题,可直接通过电子邮件联系分地区代表。依赖以下 3 个改进战略流,IAQG 持续开展新的方向。改进战略组下设 3 个工作组:需求工作

组、产品&供应链改进工作组和绩效工作组。

1）需求工作组

IAQG 为提高产品和过程完整性,制修订和完善质量管理体系要求成立了需求工作组,其工作范围为:要求战略流任务、出版标准 & 支持性材料、IAQG 与美洲、欧洲和亚太地区标准(9100,9110,9120,9101)。

（1）任务:①质量管理体系标准的维护(提高供应商绩效和顾客满意度,尤其是产品质量和按时交付);②重视航空、航天和国防质量管理体系的新要求;③代表 IAQG 出席 ISO(TC176)质量活动;④对新要求(环境要求)同步更新;⑤保持和提高质量管理体系审核过程。

（2）出版标准包括:①9100《质量管理体系——航空航天和国防组织要求》;②9110《质量管理体系——航空航天——对维修组织的要求》;③9120《质量管理体系——航空航天——对库存批发商的要求》;④9101《航空航天和国防组织质量管理体系审核》。

（3）出版支持性材料包括:①9100 航空航天和国防质量管理体系要求(9100 新闻稿、变更说明、常见问题解答(FAQ)、9100 变化和基本原则、质量进展、9100 审核员指南标准以及澄清和支持出版标准–9100:2009(基于 ISO 9001:2008 标准));②9101 质量管理体系评审(9101 新闻稿、变更说明、FAQ);③9102 首件鉴定指南(9102 新闻稿、变更说明、FAQ、SCMH 最佳时间);④9110 航空航天维修组织的质量管理体系要求(9110:2012 新闻稿、9110:2012 修订小结、9110:2009 新闻稿、9110:2009 修订小结、FAQ、论文——航空航天维修服务提升安全性(质量摘要 2009));⑤9120 库存批发商的航空航天质量质量管理体系要求(9120 新闻稿、变更说明);⑥9104–1 航空航天和国防质量管理体系认证注册(FAQ、认证组织监督委员会(CS OC)信息和指南标准、IAQG 和 IAQG 和美洲、欧洲和亚太地区标准(9100,9110,9120,9101)代表)。

图 2-6-2 给出了需求组编制的标准。

认证监督方案		
9104/1 航空航天供应链质量体系认证、注册方案——要求	9104/2 航空航天质量体系认证/注册方案——监督要求	9104/3 航空航天质量体系认证/注册方案——内审员培训要求

认证质量管理体系标准	9100 质量管理体系——航空航天以及国防组织要求支持性文件	9101 航空航天以及国防组织质量管理体系审核
	9110 质量管理体系——航空航天对维修组织的要求	
	9120 质量管理体系——航空航天——对库存批发商的要求	

9102 航空航天首件检验要求	9103 关键特性波动管理	9107 直接交货授权指导——航空航天公司	9114 航空航天公司对直接货运的指南	9115 航空航天以及国防组织可交付软件要求
9116 航空航天系列——不合格更改要求	9117 授权产品发布验证	9131 质量体系——不合格的文件	9132 质量体系——零件标识的二维数据矩阵代码质量要求	9133 质量体系——航空航天标件合格审定程序
9134 供应链风险管理指南	9136 根原因分析和问题解决	9138 统计产品验收	9145 质量先期策划（APAQ）和生产件批准程序（PPAP）	9146 外来异物（FOD）
	9147 不合格品管理		9162 操作者自我验证大纲	

图 2-6-2　需求工作组编制的标准

2）产品＆供应链绩效改进工作组

IAQG 通过产品＆供应链改进工作组提供指南材料和最佳实践来促进实现"按时保质（OTOQ）"的交付，目的是帮助供应商理解航空航天和国防质量管理体系标准（如 AS/EN/JIQS 9100），以帮助供应链提高其质量绩效。

供应链管理手册按产品生命周期划分为 8 章，加上附录共 9 章，包括指南材料、培训和最佳实践。由 IAQG 成员公司共同编写,定期修订不同的主题。供应商管理手册结构见图 2-6-3 和表 2-6-1。

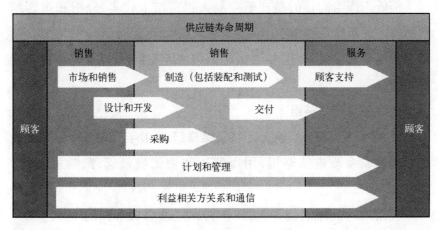

图 2-6-3　供应链寿命周期

表 2-6-1　供应商管理手册结构

章 节 名 称	版本时间	内　　容
1. 市场和销售	2012.11.13	介绍;计划、销售;总结;支持性材料;调查问卷
2. 设计和开发	2012.1.11	新产品开发的质量、9115 支撑性材料、变更通知工具
3. 制造(包括装配和测试)	2015.9.1	9103 关键产品和过程波动;9102 首件鉴定;不合格产品控制;外来异物碎片;统计产品接受;制造工作说明
4. 采购	2014.4.3	供应商选择和能力评估;产品性能详细评估检查单;供应商质量管理基础;分包商控制
5. 交付	2015.1.15	
6. 顾客支持	2015.9.23	测量定义;认证要求
7. 计划管理	2015.12.23	工作转移;风险管理;技术状态管理;生产过程价值流程图;交付指标定义指南;先期质量策划
8. 利益相关方关系和通信	2014.4.3	工作分解要求;合同要求评审和管理
附录	—	顺序索引;AQG 国际字典;9100C 支持性材料;PPDAC 的相关性;免费的 SCMH 意识网络研讨

223

3）绩效工作组

绩效工作组的目的是在航空航天供应链上收集、分析和报告绩效测量。其愿景是在整个产品生命周期中每年提升20%的绩效。绩效工作组定期收集IAQG成员公司供应商绩效数据，以便隔年发布绩效指数。

3. 关系增进战略组

IAQG负责同工业、航天、国防、维修组织、协会、民航总局和监督部门沟通联系改进战略组，用以解决和协调质量管理体系出版等事务。

关系增进战略组任务包括：①协调民航总局和产品——与国际适航局协调适应当地设计、产品和认证；②举办国际航天论坛——形成一套标准和认证程序，被空间组织充分认可；③建立国防关系——协调北大西洋公约组织（NATO）和国防组织简单、通用的标准；④组建维护、维修和运行（MRO）组织——协调工业部门认可IAQG标准，并得到充分应用，且通过认证，以提高飞行安全性、产品质量、MRO工业有效性；⑤建立贸易协会关系——与其他航空工业贸易协会建立联系，以保证满足IAQG的目的和目标。

6.3　IAQG标准

IAQG标准由四大部分组成，即IAQG批准的标准草案、美洲地区（AAQG）发布的AS 9100系列标准、欧洲地区（EAQG）发布的EN 9100系列标准以及亚太地区（APAQG）发布的KS 9100、HB 9100、JISQ 9100系列标准。

截止2015年10月，IAQG共批准了21个标准草案，根据标准草案，美洲、欧洲和亚太地区分别发布了相应的地区标准，其发布状态见表 2-6-2。与 2014 年 1 月的状态相比，出版了 9116《航空航天系列——不合格更改要求》，9134《供应链风险管理指南》。美洲地区于 2014 年 2 月进行了修订，而处于出版状态的 9136《根原因分析和问题解决》、9137《质量先期策划（AQAP）2110 在 9100 质量管理体系的应用指南》、9138《统计产品验收》、9145《质量先期策划（APAQ）和生产件批准程序（PPAP）》本次修订以后不在标准目录内。

表 2-6-2　IAQG 标准最新目录

序号	标准号	工作组	名称	AAQG	APAQG	EAQG
1	9100	需求组	质量管理体系——航空航天和国防组织要求	AS 9100C 2009-01-15	日本-JISQ9100 2009-04-20；中国-HB9100 2003-09-25；韩国 KS9100-2005	EN9100 2009-08-21
2	9101	需求组	航空航天和国防组织质量管理体系审核	AS 9101E 2014-03-02	SJAC9101D 2014-03-21	EN9101 2014-03-15
3	9102	需求组	航空航天首件检验要求	AS 9102B 2014-10-06	SJAC9102B 2015-01-23	EN9102 2006-04-27
4	9103	需求组	关键特性波动管理	AS 9103 2012-08-16	SJAC9103 2013-03-29	EN9103 2012-8-10
5	9104/1	需求组	航空航天供应链质量体系认证、注册方案——要求	AS 9104 2012-01-31	SJAC9104 2012-02-24	EN9104 2013-02-27
6	9104/2	需求组	航空航天质量体系认证/注册方案——监督要求	AS 9104/2 2014-06-13	SJAC9104/2 2014-12-25	EN9104/2 2014-05-01
7	9104/3	需求组	航空航天质量体系认证/注册方案——内审员培训要求	AS 9104/3 2007-03-29	SJAC9104/3 2007-06-29	EN9104/3 2010-06-09
8	9107	需求组	直接交货授权指导——航空航天公司	ARP 9107 2005-09-09	SJAC9107 2010-07-15	待制定 2005-06-30

225

（续）

序号	标准号	工作组	名称	AAQG	APAQG	EAQG
9	9110	需求组	质量管理体系——航空航天——对维修组织的要求	AS 9110B 2012 – 04 – 26	SJAC9110 2013 – 08 – 30	EN9110 2015 – 04
10	9114	需求组	航空航天公司对直接货运的指南	ARP 9114A 2014 – 02 – 06	SJAC9114 2014 – 09	待制定 2005 – 06 – 30
11	9115	需求组	航空航天和国防组织可交付软件要求	AS 9115 2010 – 04 – 27	SJAC9115 2010 – 10 – 29	EN9114 2013 – 01
12	9116	需求组	航空航天系列——不合格更改要求	AS 9116 2014 – 10 – 30	SJAC9116 2015 – 03	prEN9116 2014 – 10
13	9117	需求组	授权产品发布验证	制定中	制定中	制定中
14	9120	需求组	质量管理体系——航空航天——对库存批发商的要求	AS 9120A 2009 – 06 – 29	SJAC9120 2011 – 02 – 25	EN9120 2010 – 06 – 09
15	9131	需求组	质量体系——不合格的文件	AS 9131C 2012 – 08 – 16	SJAC9131 2014 – 12 – 22	EN9131 2012 – 08
16	9132	需求组	质量体系——零件标识的二维数据矩阵代码质量要求	待制定 2005 – 02 – 16	SJAC9132 2003 – 09 – 05	EN9132 2006 – 04 – 27
17	9133	需求组	质量体系——航空航天标准件合格审定程序	待制定 2002 – 07 – 16		EN9133 2004 – 11 – 10
18	9134	需求组	供应链风险管理指南	ARP 9134 2014 – 02 – 06	SJAC9104/3 2010 – 12 – 29	EN9134 2004 – 04 – 30
19	9136	需求组	根原因分析和问题解决	制定中	制定中	制定中
20	9137	需求组	质量先期策划（AQAP）2110 在9100 质量管理体系的应用指南	ARP 9137 2010 – 05 – 06	SJAC9137	EN 9137 2011 – 11

（续）

序号	标准号	工作组	名称	AAQG	APAQG	EAQG
21	9138	需求组	统计产品验收	制定中	制定中	制定中
22	9139	需求组	知识体系	制定中	制定中	制定中
23	9145	需求组	质量先期策划（APAQ）和生产件批准程序（PPAP）	制定中	制定中	制定中
24	9146	需求组	外来异物（FOD）	制定中	制定中	制定中
25	9147	需求组	不合格品管理	制定中	制定中	制定中
26	9162	需求组	操作者自我验证大纲（基于ARP9062）	ARP 9162 2005 – 05 – 10	SJAC9162 2006 – 10 – 31	PrEN9162 P1 2005 – 05 – 30
27	SCMH	供应链组	供应链管理手册（最佳实践）	制定中	制定中	制定中

　　第一类标准是以 ISO 9001 为基础的基础性质量管理体系要求，由 IAQG 中的需求工作组负责对其进行修订和完善，包括 9100《航空航天和国防质量管理体系要求》和 9100 的两个补充性文件 9110《质量管理体系——航空航天——对维修组织的要求》、9120《质量管理体系——航空航天——对库存批发商的要求》，这 3 个标准已经在欧洲、美洲和亚太地区联合出版。通过对过程的管理来降低整个供应链的波动，9100 标准是其中最基础的质量管理要求，而 9110 标准、9120 标准分别针对维护和维修站以及库存供应商提出了更加具体具有针对性的要求。此外，还包括与以上 3 个标准相对应的、有关审核过程的要求的标准，即 9101《航空航天和国防组织质量管理体系审核》、9111《质量管理体系——航空航天——对维修组织的评估》、9121《质量管理体系——对库存批发商的评估》，这 3 个标准对质量审核中所采用的检查单做了规范要求。其中，9101 针对 AS 9100C 作了新的修订，在欧洲、美洲、亚太地区出版，而 9111、9121 对于新修订的 9110 和 9120 没有出版过新版本标准。需求工作组制定的标准还

包括 9115《航空航天和国防组织可交付软件要求》、9137《AQAP2110 在 9100 质量管理体系的应用指南》。

第二类标准是为了持续改进而开展的 ICOP 监督程序——9104 标准三部曲,即注册组织、审核员和培训,是由 IAQG 中的第三方管理小组(OPMT)负责修订和完善的。该标准详细规定了航空航天质量管理体系认证程序的要求,以及对航空航天质量管理体系认证程序监督的要求、审核员鉴定的要求。9104/1《航空航天供应链质量体系认证、注册方案——要求》在欧洲、美洲出版,9104/2《航空航天质量体系认证/注册方案——监督要求》和 9104/3《航空航天质量体系认证/注册方案 内审员培训要求》处于修订过程中。

第一类和第二类标准是世界航空航天工业系统 ICOP 认证方案实施的基础和必要条件。

第三类标准是为了进一步提升航空航天产品的安全性和完整性而建立的,由 IAQG 的产品改进和供应链战略组负责修订和完善的,包括 9102《航空航天首件鉴定要求》、9103《关键特性波动管理》、9107《直接交货授权指航天公司》、9114《航空航天公司对直接货运的指南》、9131《质量体系——不合格文件》、9132《零件标识的二维数据矩阵代码质量要求》、9133《航空航天标准件合格审定程序》、9134《供应链风险管理指南》、9162《操作者自我验证大纲》。这类标准的制定和执行将有助于产品完整性的直接提升。目前正在制定中的《供应链管理手册》不仅涵盖了现有的这些标准的要求,而且还在不断改进和完善,因此,还将会有新的标准不断发布。

6.4　即将发布的 AS 9100 与 ISO 9001:2015 的区别

AS 9100 是用于航空航天质量管理体系认证审核的要求性标准。

该标准在 ISO 9001 的基础上增加了以下内容：

（1）第 3 章"术语"中增加了"假冒产品""关键项目""关键特性""生产安全性""特殊要求"这几个新术语。

（2）第 4 章"质量管理体系及其过程"中，增加了组织应当建立并保持文件信息的要求。

（3）第 5 章"领导作用"中，5.1.2"以顾客为关注焦点"中补充了监测产品、服务符合性和及时交付性，如果预期的结果不能达到应采取措施的要求，5.3"组织的岗位、职责和权限"中补充了最高管理者应指定一名管理者作为管理者代表，能够行使本条款中规定的职责和权限，管理者代表能够自由并不受限制地与最高管理者联系以解决质量管理问题等要求。

（4）第 7 章"支持"中，7.1.5"监视和测量资源"中增加了以下要求：组织应建立、实施和保持对需要校准或验证的监视和测量设备的召回过程。组织应保持这些监视和测量设备的清单，并规定其校准/验证的过程，包括设备型号、唯一性标识、位置、检查周期、检查方法以及接收准则。组织应确保进行校准、检验、测量和试验时具有适宜的环境条件。7.3"意识"中增加了以下要求：相关的质量管理体系文件信息，包括质量管理体系文件信息的变化；对产品或服务符合性的贡献；对产品安全性的贡献。7.5.3.2 为控制形成文件的信息，适用时，组织应关注增加了防止作废文件的非预期使用，若因任何原因而保留作废文件时，对这些文件进行适当的标识的要求。

（5）8.1"运行策划和控制"中补充了识别支持产品运行和维护所需的资源要求，补充了采用适用工具和技术的要求，增加了 8.1.1"运行风险管理"、8.1.2"技术状态管理"、8.1.3"产品安全性"、8.1.4"假冒产品的预防"条款。在 8.2.2"与产品和服务有关的要求的确定"中补充了应确定产品和服务的特殊要求、识别运行风险的要求。8.3.2"设计和开发策划"中补充了适当时组织应当将任务分解成活动,并明确每一项活动的任务、资源、职责、设计内容、输入和输出的要求。8.3.4设计和开发控制中增加了转入下一阶段需要被授权的要求,增加了当验证和确认需要进行试验时,应当策划、控制评审、试验并进行记录的要求。8.3.5"设计和开发输出"中补充了关键特性标识和对产品进行标识、制造、检验、使用和维护要求的相关资料的规定。8.3.6"技术状态管理的要求",设计和开发更改的控制补充了设计和开发更改控制应当符合技术状态管理要求。8.4"外包的过程",产品和服务的控制中增加了若干要求,包括组织应对外包过程、产品和服务负责,组织应该识别和管理与外包过程、产品和和服务相关的风险,应当要求外包方对其下一级外包方进行适当的控制,应当了解外包方的状态,定期评审外包方等。8.5"生产和服务的提供"中增加了设备、工具、软件的控制,特殊过程的确认和控制,生产过程确认等条款要求。

(6) 第9章绩效评价中,9.1.2"顾客满意"中给出了用于评价顾客满意度的信息,9.3.2"管理评审输入"中补充了在进行管理评审时应当考虑交付性及时,9.3.3"管理评审输出"中增加了风险识别的要求。

(7) 第10章改进中,10.2"不合格和纠正措施"中,在确定不合格原因时,补充了要考虑人的因素,并补充了当确定不合格由外包者负责时,要对外包者提出纠正措施的要求,还补充了当纠正措施不能及时有效地实施时,应采取特殊的措施。

总体看来,AS 9100针对航空航天行业的特点,在ISO 9001的基础上增加了相应的行业要求,提高了质量管理体系对行业的有效性。

6.5 AS 9100 航空航天质量管理体系认证

为促使世界各地的航空航天工业组织的供方实施9100标准,

IAQG 和主制造商向其供方提出了进行 9100 质量体系第三方认证的要求。为此,IAQG 的三个地区组织都建立了 9100 质量体系认证/注册体系。每个地区均设有认证/注册管理委员会,由管理委员会批准地区内成员国的国家认可机构的 9100 质量体系认可资格,再由该国家认可机构批准认证机构的 9100 认证资格。

6.5.1　航空航天质量管理体系认证审核要求

1. 对第三方认证机构的要求

第三方认证机构必须按 ISO/IEC 导则 62 和 IAF(国际宇航联合会)指南的要求,获得资格认可一年以上,才可申请航空航天质量管理体系认证业务。第三方认证机构在提交航空航天质量管理体系认证认可申请的同时,要提交审核员的注册申请,以便在获得地区注册管理委员会认可之前,由认可机构进行评审和批准。

第三方认证机构可以或不必预先按照认可机构的程序和要求,认可航空航天工业产品的范围、类别。但第三方认证机构应具有或使用有资格的专兼职审核员或技术专家从事认证/注册活动。第三方认证机构获得航空航天质量管理体系认证资格的过程和要求至少包括以下方面:

（1）第三方认证机构的技术委员会或顾问组中应有在航空航天工业领域的工作背景和知识的人员。

（2）具有符合各地区培训要求(如 AIR 5493)的审核员培训大纲和记录,培训大纲至少应包括:

① 适用的航空航天质量管理体系标准。

② 适用的检查单和评价方法。

③ 各地区的认证/注册要求。

④ 各地区的培训要求。

⑤ 民用航空条例要求和适用的咨询通报。

231

（3）审核员由地区注册管理委员会按相应的要求认可，审核员和审核组符合相关要求。

（4）按认可机构和地区组织的要求（如标准、检查单、说明等）及地区的认证／注册要求，对航空航天工业组织进行审核，对航空航天质量体系认证/注册的批准、保持、扩大、缩小、暂停、撤消，规定其实施程序、工具和技术。

（5）取得认可机构对航空航天工业产品的范围类别的认可。

（6）认可机构对第三方认证机构进行航空航天工业组织审核的完整体系进行见证审核。

（7）按照认可要求，第三方认证机构接受认可机构和地区组织对其保持和进行航空航天质量管理体系地区认证资格的监督和复评。IAQG 地区组织的成员还应监督对其供方进行第三方认证的认证机构，并将结果报告地区注册管理委员会。

（8）在颁发航空航天质量管理体系认证证书或批准不符合项（包括根本原因分析）前，第三方认证机构应验证全部不符合项的纠正措施。不符合项纠正措施的验证可以或不在现场进行。

（9）保留涉及审核结果（包括检查单、发现的问题、支持文件等）所有信息的复印件。

（10）在过去的两年内，认证或相关机构未对所认证组织提供过咨询服务。

第三方认证机构必须给予认可机构、地区组织和 IAQG 成员有"进入权"，以便评审第三方认证机构所有记录和相关信息。第三方认证机构必须允许地区组织成员监督、评审认证机构的过程和相关活动，包括目击认证机构对供方的审核。

2. 对审核员的要求

1）航空航天质量管理体系审核员要求

（1）审核经历：在过去的 3 年内，至少参加过覆盖 ISO 9001 或航空航天质量管理体系(如 AS 9100)全部要素的审核,4 次共 20 天。

(2)航空航天质量管理体系培训:审核员应按地区培训要求,经适当的航空航天质量管理体系要求培训。培训可以由认证机构进行,也可独立获得。第三方认证机构的培训大纲应由认可机构评审和批准。认证机构的航空航天质量管理体系培训大纲应符合地区的培训要求。

(3)接受过 AS 9100 的培训。

(4)继续教育:每 3 年至少参加 15 小时的继续教育。

2)航空航天工业经历审核员要求

航空航天工业高级审核员在过去 10 年中至少有 4 年在航空航天工业领域的工作经历,并符合航空航天质量管理体系审检员要求和下列要求:

(1)工作经历:具有 4 年航空航天工业领域的工作经历,包括工程、设计、制造、质量或过程控制或在正式的民用、军用或宇航组织的工作经历。4 年是指过去 10 个日历年中累计 4 年。

(2)航空航天工业高级审核员要保持审核员证书,应该进行培训并满足航空航天质量管理体系的培训要求,培训科目如下:

① 航空航天工业质量概论。

② 民用航空当局作用/职责/条例概述。

③ 国防合同管理机构作用/职责。

④ 适航和航空安全要求。

⑤ 设计、开发、验证和确认过程。

⑥ 首件检验。

⑦ 航材可追溯性要求。

⑧ 分承包方批准和控制要求。

⑨ 关键特性分类。

⑩ 质量要求分解。

233

⑪ 顾客提供产品的使用。

⑫ 校准控制和追回系统。

⑬ 印章控制。

⑭ 特殊过程控制。

⑮ 质量管理体系要求、不合格品控制要求。

⑯ 抽样检验要求和限制。

⑰ 政府航空航天组织——作用/职责/条例概述。

⑱ 项目管理。

⑲ 任务保证/安全性。

⑳ 技术状态管理/要求控制。

审核员在过去的 3 年内,至少参加过两次完整的航空航天工业领域的审核,并由航空航天工业高级审核员现场验证。

3)审核员资格要求

所有审核员在 3 年内,至少参加 4 次航空航天工业领域的审核,并按地区培训要求,每 3 年至少接受 15 小时的继续教育方可保持航空航天审核员资格。

3. 评定和报告要求

1)审核组

审核组组长应经 IAQG 的地区组织批准,并满足 ISO 19011 所规定的条件。审核组应该包括航空航天工业高级审核员和按地区要求认证/注册要求批准的其他审核员。审核组必须包括与航空航天工业组织产品范围的类别相适应的审核员,必要时可包括与产品要求相适应的技术专家。

认证机构应确保审核组成员了解与审核活动有关的地区认证/注册要求。在审核期间,有关航空航天工业组织与产品要求的问题,由航空航天工业高级审核员向审核组进行解释和提供技术指导。认可机构、地区组织成员、政府管理机构或顾客代表可在任何时间参与审核组,评价审核过程。

2)评定持续时间

在 ISO/IEC 导则 62 和 IAF 应用指南的基础上,地区质量管理体系认证/注册要求中增加了在进行航空航天质量管理体系认证时有关审核人数、天数的要求。对已取得 ISO 9001 认证证书,目前正在向航空航天质量管理体系转换的组织,如果事先没有经过航空航天工业高级审核员和地区认证/注册要求的评定,则需使用规定的完整检查单进行航空航天质量管理体系要求的完整评定。

3)不符合项

审核组应记录审核期间确定的不符合项,审核组长应确认不符合项的种类是"严重"还是"一般"。

4)审核组结论和报告

审核组长向航空航天工业组织提交审核报告,其中至少包括地区认证/注册要求中的项目,说明组织的质量管理体系与航空航天质量管理体系要求的符合性和有效性。审核应记录于适当的检查单或电子表格中。

从 2004 年起,IAQG 要求在进行所有航空航天质量管理体系的评定时,使用规范的检查单,每次评定或监督的结论在在线数据库中随时更新。认证机构应通过在线数据库向地区组织的有关机构提交评定的结果。地区组织将得到的信息传递给每个地区的 IAQG 成员。这些信息至少应包括地区认证/ 注册要求规定的项目。

5)监督和复评

认证机构应按 ISO/IEC 导则 62 和 IAF 指南要求,对航空航天工业领域的获证组织进行监督审核和复评。初始审核应该覆盖航空航天质量管理体系的全部要求,每年至少进行一次。3 年期间,对航空航天质量管理体系全部要求的评定必须覆盖重要/关键区域。

6）认证/注册

航空航天质量管理体系认证证书的有效期为 3 年。所有证书应明确产品范围和依据的标准。可以颁发适用的航空航天质量管理体系和 ISO 9001 证书。按照认可机构要求,证书应有标志。地区组织或 IAQG 没有标志。如果认证/注册机构误用标志,可以暂停或撤销认可。

认证机构颁发航空航天质量管理体系认证证书后,有责任确保证书的持续完整和正确性,并且要制定和实施程序,确保这一职责得到落实。具有资格的认证机构颁发的认证证书应注明国家/地区航空航天标准,例如,美国的 AS 9100、欧洲的 EN9100、日本的 SJAC9100。

4. 地区组织成员分享审核结果

地区组织成员可以按照地区认证/ 注册的有关要求,分享审核结果。

5. 记录

认可机构应保持航空航天质量管理体系注册资格的支持性证据。地区注册管理委员会有权获得认证机构航空航天质量管理体系资格认可的记录。认可机构和认证机构应保持审核员资格记录,记录至少保存 6 年。

AS 9100 质量管理体系审核的一般程序如图 2-6-4 所示。

6.5.2　航空航天质量管理体系认证审核实施情况

按照 IAQG 各地区的航空航天质量管理体系认证/注册的要求,目前,美国、加拿大、法国、德国、西班牙、英国、日本等国家已有近 50 家认证机构取得航空航天质量管理体系认证资格,并且大多数航空工业的组织已取得 AS 9100 标准认证证书。

对于 NASA、ESA 等航天工业组织,已开始关注该系列标准,并通过将航天工业特有的经验纳入 AS 9100 标准之中从而促使全球航天

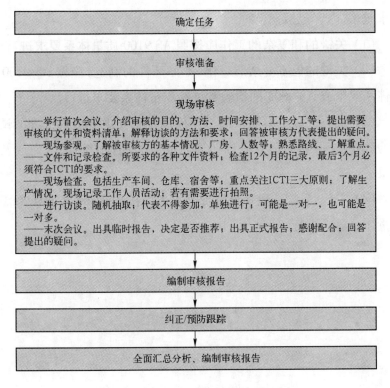

图 2-6-4　AS 9100 认证审核一般程序

工业的组织能够采用该系列标准,以降低供应链研制成本,减少重复审核的可能性,为今后全球合作奠定基础。ESA 主要想通过其欧洲空间标准化合作组织(ECSS)标准来影响 AS 9100 标准。

美国国防部(DOD)宣布从 2003 年 3 月 1 日开始采用 9100 系列标准;美国国家航空航天局于 2002 年 4 月 8 日发布了 AS 9100 系列标准的采用通告;美国联邦航空局(FAA)虽然对主制造商的检查未采用 AS 9100 系列标准,但对主制造商用 AS 9100 系列标准对供方的质量管理体系进行控制表示认可;另外,美国空军也在研究采用 AS 9100 系列标准的政策。美国大部分航空企业已取得 AS 9100 认证证书。

NASA 针对产品所要求完成的工作的复杂程度提出了最低质量

要求政策,内容包括:

（1）关键的和复杂的工作应按照 AS 9100 质量体系要求进行。

（2）关键的但不复杂的工作（如零部件的制造）应按 AS 9100 质量体系要求或 AS 9003 的检验和试验质量体系要求进行。

（3）既不关键也不复杂的工作应满足合同中规定或批准的试验和检验要求,但要有记录以证明要求的试验和检验活动的完成及其结果。

（4）工程、采购或质量保证保障服务应按 AS 9100 或 ISO 9001 的质量体系要求进行。

参 考 文 献

[1] http://NASA Office of Safety and Mission Assurance (OSMA)_files.

[2] D6 - 82479 Boeing Quality Management System Requirements for Suppliers[S].

[3] Boeing honors supplier performance excellence for 2013[EB/OL]. http://www.boeingsupplier.com.

[4] Supplier Quality - supplier surveillance[EB/OL]. http://www.www.boeingsupplier.com/sps.html.

[5] Supplier Performance Measurement[EB/OL]. http://www.www.boeingsupplier.com.

[6] Quick reference guide for supplier quality rating formula. 2011.

[7] Supplier Quality Requirements[EB/OL]. http://www.lockheedmartin.com/aeronautics/materialmanagement. 2010.

[8] Northrop Grumman SAP Implementation. http://www.Northgrum.com.

[9] Northrop Grumman Supplier Scorecard Guidelines. 04 March 2009. http://www.Northgrum.com.

[10] Northrop Grumman QUALITY ASSURANCE PROVISIONS FOR PURCHASE ORDERS. 2007. http://www.Northgrum.con.

[11] Northrop Grumman Supplier Material Review Board Guideline. 2006. http://www.Northgrum.com.

[12] Northrop Grumman Supplier Quality Assurance Requirements (SQAR). 2007. http://www.Northgrum.com.

[13] Northrop Grumman Supplier Product Acceptance and Delivery Guide. 2007. http://www.Northgrum.com.

[14] Quick reference guide for supplier quality rating formula. 2011.

[15] Supplier Quality Requirements[EB/OL]. htpp://www.lockheedmartin.com/aeronautics/materialmanagement. 2010.

[16] European Space Research and Technology Centre[EB/OL]. http://www.esa.int/about_us/welcome_to_ESA/A - European_Vision.

[17] ECSS Standards product assurance branch[EB/OL]. http://www.ecss.nl. ECSS Drafting templates for ECSS Standards and Handbooks[EB/OL]. http://www.ecss.nl.

[18] Evans C A,Robinson J A et al. International space station science research accomplishments during the assembly years:An analysis of results form 2000 – 2008,NASA/TP – 2009 – 213146.

[19] Anthony R. Guillory,Todd C. Denkins,Danette Allen. Management approach for NASA's Earth Venture – 1(EV – 1)airborne science investigations. Earth Observing Systems XVIII,10. 1117/12. 2024181,2013.

[20] Dezfuli Homayoon,Benjamin Allan,Everett Chris. Evolution of continuous risk management at NASA. 11th International Probabilistic Safety Assessment and Management Conference and the Annual European Safety and Reliability Conference 2012,PSAM11 ESREL.

[21] Computer Science Corporation. International Space Station Operations Architecture Study Final Report. 2000. 08.

[22] Schiemann Jens Dirk,Boisvert Pierre,Koehne Volker,Ziliotto Véronique. ESA payload operations management on the ISS:Lessons learned and challenges. Space Ops 2010 Conference.

[23] 苗宇涛. 国际航空航天质量组织机构及其标准简介[J]. 航天标准化,2015,1:35 – 41.

[24] 苗宇涛,江元英. 美国宇航局安全与任务保证文件体系简介[J]. 航天标准化,2015,4:38 – 44.

[25] 苗宇涛,李跃生. NASA 安全与任务保证及可借鉴之处[J]. 质量与可靠性,2015,1:53 – 58.

[26] 苗宇涛,李跃生,李胜. ESA 产品保证与安全性及可借鉴之处[J]. 质量与可靠性,2015,2:50 – 55.

[27] 苗宇涛,李跃生,范艳清,等波音公司质量管理及可借鉴之处[J]. 质量与可靠性,2015,2:56 – 59.

[28] 苗宇涛,李跃生,范艳清. 诺格公司供应商质量管理及可借鉴之处[J]. 质量与可靠性,2015,3:55 – 59.

[29] 苗宇涛,范艳清,江元英. 波音公司供应商质量管理及可借鉴之处[J]. 质量与可靠性,2015,4:51 – 55.

[30] 苗宇涛,李跃生,米凯. 洛马公司质量管理及可借鉴之处[J]. 质量与可靠性,2015,4:56 – 58.

[31] 李跃生,米凯,胡云. 国际空间站的安全性与技术风险控制及可借鉴之处[J]. 质量与可靠性,2015,5:55 – 59.

[32] 米凯,易倍羽. 国外航天工程项目管理实践[J]. 质量与可靠性,2015,6:55 – 59.